© Autonomia Literária, para a presente edição.

Conselho Editorial:
Carlos Sávio Gomes Teixeira (UFF), Edemilson Paraná (UFC/UnB), Esther Dweck (UFRJ), Jean Tible (USP), Leda Paulani (USP), Luiz Gonzaga Belluzzo (Unicamp/Facamp), Michel Löwy (CNRS, França), Pedro Rossi (Unicamp), Victor Marques (UFABC)

Coordenação Editorial:
Cauê Seignemartin Ameni, Hugo Albuquerque, Manuela Beloni

Preparação:
Márcia Pinheiro Ohlson

Capa e Diagramação:
Rodrigo Côrrea/@sobinfluencia

Dados Internacionais de Catalogação na Publicação (CIP)
(eDOC BRASIL, Belo Horizonte/MG)

T928a   Paraná, Edemilson. Tupinambá, Gabriel.
Arquitetura de arestas: as esquerdas em tempo de periferização do mundo / Gabriel Tupinambá, Edemilson Paraná. – São Paulo, SP: Autonomia Literária, 2022.
268 p. : il. ; 14 x 21 cm

ISBN 978-65-87233-53-6

1. Direita e esquerda (Ciência política). 2. Sociologia política. 3. Ciência política. I. Paraná, Edemilson. II. Título.

CDD 320

Elaborado por Maurício Amormino Júnior – CRB6/2422

Autonomia Literária
Rua Conselheiro Ramalho, 945
CEP: 01325-001 – São Paulo – SP
autonomialiteraria.com.br

ARQUI TETURA DE ARESTAS

AS ESQUERDAS EM TEMPOS
DE PERIFERIZAÇÃO
DO MUNDO

EDEMILSON PARANÁ
GABRIEL TUPINAMBÁ

Agradecimentos	**7**
Prefácio	**10**
Sabrina Fernandes	
Introdução	**22**

PARTE UM – CANTEIRO DE OBRAS

1. As três dimensões da tragédia da esquerda no século XXI — **32**
Edemilson Paraná

2. Da tragédia à comédia — **39**
Gabriel Tupinambá

3. A esquerda diante do poder: do trágico ao cômico para o tragicômico — **54**
Edemilson Paraná

4. A força social da graça, ou: como se avalia o poder popular? — **69**
Gabriel Tupinambá

5. As esquerdas frente ao mundo dos problemas "cotidianos" — **86**
Edemilson Paraná

6. Organizar um mundo a partir das fraturas — **100**
Gabriel Tupinambá

PARTE DOIS – CAIXA DE FERRAMENTAS

7. Esboço de um modelo — **114**
Edemilson Paraná e Gabriel Tupinambá

PARTE TRÊS – ANÁLISE DO TERRENO

8. Os avessos da democracia — **166**
Gabriel Tupinambá e Edemilson Paraná

9. Arquitetura de arestas — **202**
Gabriel Tupinambá e Edemilson Paraná

Conclusão — **231**

Posfácio – Por Onde Começar? — **239**
Rodrigo Nunes

Sobre os autores — **247**

Agradecimentos

Nosso diálogo neste livro é, na verdade, um pequeno recorte de uma grande conversa. Agradecemos aqui aos comentários, críticas e incentivos que recebemos ao longo do trajeto – as intervenções de Alexandre Pimenta, Carlos Augusto Pereira (vulgo "Fidel Carlos!"), as conversas com Sabrina Fernandes (que estava lá desde o começo!), Victor Marques, Maikel Silveira, Rafael Saldanha, Carla Rodrigues e Rodrigo Nunes, bem como as leituras do manuscrito por Tiago Guidi e Vitor Pimentel. Um agradecimento especial vai também para a Luisa Marques, pelas imagens que criou para o livro, e que também dialogam com ele.

Para Ernesto

Prefácio
Por Sabrina Fernandes[1]

A metáfora central que carrega este livro é convidativa. Apesar de existir resistência em certos meios, a metáfora arquitetônica traz dois elementos que julgo essenciais para a análise das esquerdas. O primeiro elemento é a necessidade de conciliarmos a discussão da matéria com a questão estética. Enquanto muito se discute sobre as disputas de narrativas na sociedade, ainda é insuficiente a compreensão dos fundamentos nos quais tais narrativas se erguem. A metáfora nos lembra disso. O segundo elemento é ainda mais simples de assinalar, embora complexo de se executar: a esquerda não se declara, a esquerda se constrói.

A execução não é a preocupação central dos autores, por justa razão. Uma esquerda sob fragmentação carece de debate aprofundado sobre seu estado concreto para que a famosa pergunta sobre "o que fazer" tenha em que se amparar. Ademais, concordo com os autores sobre o risco de reduzir respostas para a conjuntura às palavras de um ou outro autor, como se o grande contraponto capaz de atender às demandas imediatas, urgentes e desesperadas pudesse surgir de um pequeno número

---

[1] Sabrina Fernandes é doutora em sociologia e pós-doutoranda do Grupo Internacional de Pesquisa sobre Autoritarismo e Contra-estratégias da Rosa Luxemburg Stiftung em parceria com o Programa de Pós-Graduação em Sociologia da Universidade de Brasília. Também é autora de *Sintomas Mórbidos: a encruzilhada da esquerda brasileira* (2019) e produz o canal de formação política Tese Onze.

de vozes. Não há uma análise de conjuntura padrão, em que se discute cada ator da conjuntura política em detalhe e suas relações. Mas há outras formas de construir essa análise. Por isso, a metáfora valoriza o preparo para o fundamento, o que ressalta o poder do debate conduzido por Edemilson Paraná e Gabriel Tupinambá com bem-vinda franqueza entre si e com quem lê.

Eu tive a oportunidade de acompanhar os primeiros textos do debate entre os autores ainda na época de sua publicação original, assim como pude dialogar com os mesmos sobre os fios, excessos, que enxergava na leitura. Ao ver como a continuidade do debate foi um processo de visitar e revisitar por parte de ambos, também me encontrei engajada na crítica das minhas próprias reações de antes e de hoje. A oferta de uma formulação de três distintas plataformas de esquerda não é um fechamento, mas serve também de contraponto a formulações nem mesmo confrontadas no texto, presentes no meu imaginário político ou no seu. Isso ocorre porque mesmo que você formule a fragmentação da esquerda em outras linhas, a discussão inicial sobre Estado, Capital e Cultura é inevitável, tanto agrega como questiona – e por isso mesmo se desenrola em uma discussão sobre as lógicas que habitam a esquerda.

Como alguém que fez pesquisa de campo na esquerda brasileira, quando li os primeiros textos há alguns anos, pensei em intervir por sentir que algo faltava na formulação proposta por Paraná e a qual Tupinambá confronta para reelaborar. Quando falam, por exemplo, do saudosismo de uma esquerda mais tradicional, que posteriormente será atrelada ao fator Capital, questiono, pois não há exclusividade nessa postura. Se na esquerda anticapitalista tradicional existe saudade por um tempo que já se foi, o mesmo vemos na esquerda mais institucional que ainda hoje idealiza sua passagem pelo governo como a melhor experiência possível para esquerda no "poder". Existe um jogo de projeções que aprisionam potenciais ao mesmo tempo que servem de combustível, ainda que fraco, para as propostas nas quais insistem – devidamente ou não.

Considerando que a esquerda tradicional também é fragmentária, seja pelo sectarismo entre si, ou por diferenças programáticas, li, à época, cética sobre a possibilidade de uma formulação em tríade. É onde o capítulo 7, *Esboço de um modelo*, serve de abstração do próprio debate para oferecer uma forma de testar a formulação, mesmo que não seja o objetivo testar um modelo. *Arquitetura de Arestas* não tem pretensão de construir o rumo da esquerda, de atender ao "o que fazer" coletivo, e, por isso, frustra quem espera de livros sobre a esquerda a receita de bolo para a unidade de esquerda. Penso que há mais ousadia em se isentar de testar algo que deve ser posto à prova na práxis da esquerda, do que promover listas de itens a checar em um caminho que inevitavelmente se transforma a passos largos durante a conclusão. O capítulo é esquemático e serve para revisitar e acrescentar novas camadas à discussão interior. Para quem pesquisa as esquerdas, isso é bastante provocador, já que não se trata de apresentar narrativas explicativas convincentes, como é hábito no gênero, mas construir panoramas que possam ser generalizáveis em vários cenários de uma esquerda desunida e/ou em descenso.

Isso traz à atenção a perspectiva de uma ecologia de organizações. É a partir dela que faço uma das duas reflexões diretas que trago neste texto. Pensando a partir de Mario Candeias, uma vez escrevi sobre a esquerda mosaico, em que cada peça tem sua característica única, mas em unidade é capaz de formar um campo coeso e inteligível. Creio que a visão de uma ecologia de organizações é complementar, mas também me agrada por carregar um certo grau de interdependência que parte da esquerda se recusa a reconhecer.

É absolutamente comum que organizações de esquerda se definam e se enxerguem como respostas à direita, mas, quanto maiores as diferenças dentro da esquerda, mais estarão, de fato, respondendo umas às outras, mesmo quando respondem à oposição. A linha predominante de ação na esquerda fragmentária é sua resposta interna. Analisamos os balanços de conjuntura, as notas de repúdio, sentamos em reuniões presenciais e online e traçamos táticas de acordo com como nos vemos neste meio. Cisões ocorrem como respostas à organização-mãe. Essas respostas podem ser novas sínteses, mas se a cisão for resultado da recusa da síntese, o cume do espírito fracionário naquilo que vulgarmente chamamos de "racha", a negação pode ser nada mais que uma formulação inacabada de oposição.

O lado da esquerda que reage a si mesma é determinante no parlamento, na escolha da chapa sindical, nas palavras de ordem do movimento estudantil. O paradigma de uma ecologia de organizações, este sistema dinâmico sob fragmentação, descreve um ecossistema em que há escassez e competição, mas que não deve se esquecer do elemento simbiótico. Para um exemplo concreto temos o caso de organizações de esquerda que abraçam o antipetismo para se colocarem como alternativa em vez de abraçar a crítica que produz, em sua circulação, uma alternativa concreta. Todavia, numa disputa hegemônica, o antipetismo hegemônico, ou seja, nas mãos da direita, não separa o PT do trigo (ou do joio, dependendo de sua visão). Para a extrema-direita, então, comunista é qualquer um que divirja de seu projeto.

Partidos são organizações de totalidade. Quando falo de partidos, acompanho os autores, e, portanto, isso deve ser compreendido como algo muito distante do formato de legenda eleitoral que tende a prosperar sob a democracia liberal. Diferentemente de sindicatos, que possuem uma relação diretamente categórica sobre as frações da classe trabalhadora, os partidos buscam a organização máxima na esquerda. Por isso mesmo, é comum que partidos tratem de projeto de nação, articulações internacionais e programa máximo (aqui se encontra seu maior desafio).

Em tese, um sistema que reconhece a heterogeneidade das organizações na esquerda, como a ecologia de organizações, carrega consigo a possibilidade de avaliar a dinâmica entre elas. Mas escrevemos tantos livros e artigos e lotamos tantos congressos e inúmeras plenárias sobre a esquerda não exatamente para compreender a dinâmica de colaboração e contradição entre as organizações, mas, principalmente, como essas contradições internas, intraorganizacionais, reverberam nas relações interesquerda.

De todas as organizações, o partido figura como aquela mais coesa em propósito, mas o desenrolar da história cria um campo tão intenso que o partido também é onde as contradições mais se sobressaem. As contradições formam tarefas de construção e compreensão da totalidade e aumentam com cada passo do desenvolvimento concreto do partido sobre a missão da esquerda, mas também com cada passo de recuo. Se há um século focávamos especialmente no advento do capitalismo e sua indústria, hoje sabemos mais sobre gênero, enfrentamos um sistema de vigilância complexo, capital fictício e a ameaça do fim do mundo. Cabe cada vez mais na totalidade, porque a totalidade, já dizia Lukács, é composta pela subordinação de cada parte à unidade do todo. Se a história avança, se a luta de classes se torna mais sofisticada, e se a esquerda cumpre seu papel de se manter atenta a isso, o partido se torna cada vez mais sujeito a contradições em seu caminho interno de compreensão das partes.

Esta conclusão parece simples, mas é ainda muito rejeitada. Em partidos da categoria que os autores compreendem como uma esquerda mais tradicional, ou organizada principalmente a partir do Capital, ronda uma tentação confortável. Ora, diante do aumento de complexidade, é muito mais fácil trancar muitas das partes 'novas' para fora da totalidade, de modo a lidar com elas depois de uma ruptura com o capitalismo. Já na esquerda institucional, as partes frequentemente se expressam em projetos de lei, audiências e campanhas; ou seja, operam apenas as partes, e não há sequer uma totalidade à qual subordiná-las.

Diferente dos partidos de esquerda, os movimentos sociais, como organizações, oferecem uma compreensão das partes enquanto todo um campo organizacional é navegado: movimentos se organizam através de demandas mais imediatas e, por isso, precisam rejeitar o peso da totalidade para que negociem com os centros de poder, via reuniões ou ocupações. Para um partido que confunde a subordinação das partes à totalidade, com o apagamento das partes, qualquer movimento pode ser visto como pelego ao se sujeitar às mediações de suas atividades. E movimentos que deixam de ver partidos como atores dinâmicos na construção de horizontes, mas sim como instrumentos para a reivindicação de demandas, arriscam tomar o mesmo caminho da esquerda das instituições. Uma ecologia organizacional estabelece alertas sobre as diferentes dinâmicas. A partir disso, me indago se mais do que uma ecologia organizacional, a arquitetura das esquerdas não se estabelece como a disposição das tendências à práxis de totalidade–contradição–totalidade, apresentada por Karel Kosik como dialética do concreto; ou seja, uma ecologia de tais tendências que atravessam ou não certas lógicas (institucionais, comunitárias, econômicas...), ao mesmo tempo ou não.

É claro que nessa indagação carrego um forte viés marxista, pois é de onde parte a preocupação com totalidade. Mas faço isso diante da avaliação sobre o esforço de desenho das lógicas e dinâmicas das esquerdas. Uma esquerda que parte da necessidade do movimento totalidade – contradição – totalidade deve ser uma esquerda preocupada com como cada lógica se alimenta da outra. Dessa forma, a pergunta-chave é menos sobre qual organização de esquerda nos levará ao pós-capitalismo e mais sobre que tipo de dinâmica de esquerda proporcionará organizações capazes de navegar a totalidade sem abrir mão da interação das partes ou sem sucumbir às particularidades das mesmas. Mas a negação do princípio de formação da totalidade, em uma dialética do concreto, é renunciar a própria ecologia. Se cada partido se movimenta para responder a outros, também deve desenvolver a compreensão de como respondem a si mesmos, de como interagem com as partes e o todo dialeticamente.

Por isso, conclui-se que os conflitos na esquerda são muito mais do que conflitos entre organizações ou entre projetos. Há conflitos entre as partes e o todo na formação da totalidade. Esses conflitos possuem uma relação metabólica-dialética própria, caso ela seja reconhecida e validada pelas organizações ou não. A isso adicionamos mais um grau de dificuldade, a partir da reflexão dos autores de que a ecologia não existe em abstrato, mas em espaço-tempo. Há problemas de escala e de temporalidade. Urgência sobre a composição da totalidade é sempre um problema de espaço-tempo. A urgência de um não é a urgência do outro, seja por distanciamento e escala geográfica, seja pelo desenrolar histórico, que possui complicações próprias. Afinal, sínteses políticas exigem acúmulos, mas estes são historicamente desiguais ("déficits conceituais"), ao mesmo tempo que as consequências ocorrem em tempos e escalas diferentes. É por isso que o desenvolvimento de uma tipificação lógica e detalhada sobre as esquerdas, como apresentada por Paraná e Gabriel, é algo que poucos pensadores arriscam, embora tantos de nós trabalharemos com mapeamentos e avaliações de cunho mais concreto e conjuntural.

Como o livro promove um mergulho argumentativo no mar profundo da sociologia analítica (ou seria também da filosofia política?), há uma indagação de ambos que gostaria de abordar como um segundo ponto. Partindo do pressuposto que a esquerda fragmentária responde entre si constantemente, mas que também responde à direita, Paraná e Gabriel refletem se o modelo que apresentam poderia incorporar o campo opositor. Não estou em condições de responder com certeza absoluta, já que não é o objetivo trazer um ensaio robusto nesta apresentação, mas meu palpite é que um modelo que incorpora tanto as lógicas da esquerda quanto da direita é, por necessidade, um modelo simplificado.

Digo isso porque as lógicas de operação das esquerdas não são meramente formais, e como os autores analisam, carregam seu histórico de balanços e práticas. Poderia a direita ser analisada via a abordagem de reprodução social? A lógica comunitária? Mais adiante, em uma discussão de crise da democracia, isso se torna mais evidente. A oposição existe não por causa de uma reflexão invertida, em que conceitos e propostas possuem semânticas contrárias, mas porque são operacionalizadas para anular os movimentos dos opositores. Muitas vezes, falamos de democracia liberal versus democracia socialista, mas esta, devemos sempre nos lembrar, é apenas uma simplificação tática e pedagógica. Não são significados opostos, mas existências opostas. A democracia socialista só pode se concretizar uma vez extirpados os limites da democracia liberal, pois é o que garante a suprassunção concreta da democracia.

Os conceitos de esquerda e direita, que são tratados na pós-política como irrelevantes, são tão relevantes que aqueles que os negam passam boa parte do tempo tentando desmobilizar de seu uso, em vão. Na realidade, as palavras em si são apenas simbolismos históricos, mas os campos são evidência do processo de contradição em torno dos conflitos materiais. Não é possível superar a ideia de esquerda e a ideia de direita sem superar tais conflitos. Então num exercício sobre a tipificação da direita, é preciso analisar o campo a partir de como a direita operacionaliza seus conflitos. E se eu argumento que a esquerda, marxista ou não, operacionaliza a partir do movimento da contradição para a totalidade, a direita o faz pelo esforço de sustentação da contradição. É por isso que a esquerda vive crises políticas em meio a crises sociais pelas quais é responsável ou não, mas o objetivo é a superação dessas crises. Já na direita, trata-se não de superar, mas negociar crises para garantir o maior ganho entre elas e durante também. Por conta disso, a relação entre mapeamento cognitivo e contradição social que verão acolhe a postura das esquerdas, mas não reflete o gerenciamento de contradições da direita.

Há outras grandes perguntas feitas, respondidas e feitas novamente em *Arquitetura de Arestas*. Os próprios autores apontam que a ausência de certos conceitos é também oportunidade de reconstrução das premissas que trazem. Quando os autores discutem os contornos da esquerda anticapitalista, podemos puxar também o fio sobre sua relação com seu passado, naquilo que rejeita e naquilo que busca emular para além de um apelo tradicionalista. Quando tratam da precarização da classe organizada, vale seguir a trama sobre o papel que a doação de si mesmo cumpre no trabalho militante – e a custo de quê – dentro e para além do aspecto da reprodução social. A discussão sobre fascismo enfatiza carências no plano geral do debate do século XXI, mas na ausência de uma categoria suficiente para abarcar todos os perigos que enfrentamos hoje, cabe questionar se entre as tarefas encontramos o dever de nomear outra categoria, como pré-requisito, ou se há a possibilidade de enfrentar a barbárie sem um conceito exclusivo.

Falamos muito sobre a unidade das esquerdas e elas são continuamente cobradas sobre isso. Esse livro, todavia, costura provocações de modo a questionarmos até mesmo o problema da unidade. A multiplicidade das esquerdas é um exercício em diversidade ou em separação? Se é indevido simplesmente supor que "alianças entre organizações podem contar com uma tendência espontânea à unidade", quais fios extraímos acerca da nossa concepção de unidade e das tarefas de organização para além de um só campo da esquerda? Numa ecologia de organizações, fomentamos atualmente a sustentabilidade ou o colapso de biomas políticos?

O debate crítico alimenta "desconfianças produtivas", como também destacam Paraná e Gabriel, mas isso depende do compromisso traçado pelos interlocutores. Em um livro que se propõe a desenhar intersecções e sobreposições, entre descontinuidades e rupturas, no ser e agir das esquerdas, exige-se da figura do leitor-interlocutor atenção sobre suas próprias tendências que projeta nos debates escritos por outros, especialmente quando o objetivo é adentrar e se apropriar do debate. Desde o engajamento inicial com os primórdios desse debate até o manuscrito final, ao ler também me expus a um mapeamento próprio das teorias e análises a que subscrevo. Deste modo, a leitura de *Arquitetura de*

Arestas convida, e desafia, ao debate via incerteza, desconfiança e o terreno fértil da reformulação.

Temos aqui um livro que nasce da convivência fértil entre acordo e desacordo e, como em todo confronto, seus excessos também têm algo a comunicar. O exercício de modelagem é complexo, mas nos oferece algo raro sob análises em conjunturas tortuosas: capacidade de generalização. Para aproveitar a imagem de *Arquitetura de Arestas*, num mundo em que debates políticos dentro da esquerda facilmente se transformam em condomínios fechados, a leitura do espaço que habita entre o acordo e desacordo pode aflorar terrenos mais livres a percorrermos.

Introdução

A metáfora arquitetônica não goza de grande prestígio hoje em dia, principalmente na militância de esquerda. Também pudera: das construções que herdamos do século XX, as que ainda não ruíram só estão de pé porque cobram entrada. A ideia de construção, quando não sugere um resquício nostálgico das utopias do século XIX, parece mais adequada, no século XXI, para falar das paredes que ocultam centenas de milhares de imóveis vazios, das obras faraônicas que integram os circuitos de valorização do capital financeiro em detrimento do investimento em infraestrutura urbana, da planta-baixa do desenvolvimentismo que apaga do mapa comunidades, cidades e povos inteiros ou da construção social do mundo ocidental, branco e cisheteronormativo.

Acontece que, no Brasil, a ferida arquitetônica é ainda muito profunda. Enquanto outros puderam acertar contas com os paradoxos da metáfora da construção política por meios igualmente metafóricos, nós carregamos incrustado no território um enorme monumento ao fracasso da imaginação construtiva: uma capital onde as tensões entre a modernidade do planejamento e a barbárie da produção, entre as aspirações socialistas de seus desenhistas e a história da ditadura civil-militar e do fisiologismo político, permanecem cristalizadas no concreto das superquadras, na praça dos três poderes e na devastação das cidades satélite. A metáfora arquitetônica, no Brasil, não é exatamente uma metáfora, uma estratégia ou uma forma de representar – que o trabalho da imaginação poderia deixar pra trás ao encontrar novas formas de expressão – mas um verdadeiro *trauma*, uma representação que ganhou tamanha materialidade, e assim perdeu tanto sentido, que não conseguimos nem nos desfazer desse corpo estranho, nem propriamente elaborá-lo.

Talvez não seja à toa, portanto, que parte do diálogo do pensamento crítico com a arte brasileira migrou, entre os anos 1960 e 1970, da literatura e artes plásticas para os departamentos de arquitetura, urbanismo e geografia, da interpretação das formas e estilos artísticos para os debates sobre planejamento urbano, produção do espaço e os paradoxos da autoconstrução. Um deslocamento que responderia, assim, não apenas ao papel determinante das políticas da terra e da moradia na história das lutas sociais, mas também ao fato de que nosso acerto de contas com a dimensão traumática do desejo de construção só poderia ser elaborado através de um engajamento direto com as vicissitudes da prática arquitetônica, numa verdadeira "educação pela pedra".

É assim que entendemos o encontro de Sérgio Ferro, e de seus companheiros do grupo Arquitetura Nova, com o canteiro de obras, ainda no começo dos anos 1970. Influenciado pelas visitas que havia feito ao assombroso canteiro de Brasília e, posteriormente, pelos relatos de candangos que conheceu enquanto esteve preso pela ditadura, Sérgio escreve *O canteiro e o desenho*[2]. Texto denso e pouco lido, foi recebido primariamente, em 1976, como uma denúncia da cisão entre trabalho intelectual e manual na prática da arquitetura – entre os ideais do planejamento e as penúrias da execução – partindo de uma análise marxista do lugar da construção civil e do objeto arquitetônico no processo de valorização do capitalismo tardio. No entanto, do ponto de vista da hipótese de que a arquitetura brasileira é um

---

2 Ferro, S. *O canteiro e o desenho* (Projeto IAB/SP, 1976).

teatro privilegiado para a nossa imaginação política, a análise de Ferro adquire uma valência diferente. Em sua descrição detalhada dos choques entre a financeirização do capital e as condições manufatureiras da construção civil, do papel do desenho técnico na coordenação dos trabalhos parciais e heterogêneos dos operários, do modo como os revestimentos e as formas harmônicas ocultam os traços dessa batalha anacrônica entre o "atraso" do canteiro e o "progresso" moderno, tudo funciona em dois registros ao mesmo tempo. Por um lado, trata-se, de fato, de um exercício crítico de mudança de perspectiva na prática da construção, que coloca em relevo as condições reais de produção, seus impasses e desafios, mas, por outro, ao encontrar no canteiro de obras os traços das condições mais gerais da sociabilidade brasileira contemporânea, Ferro também abre o caminho para uma recomposição completa da própria ideia de construção – do que significa imaginar, construir, cooperar – à luz das condições efetivas do nosso próprio terreno social. É interessante notar, por exemplo, que ele encontre em sua análise socioeconômica dos canteiros as mesmas características que levariam Francisco de Oliveira, trinta anos mais tarde, a buscar no *ornitorrinco* uma imagem para nossa formação social "truncada" e periférica[3]: a relação exteriorizada entre os grupos sociais sem unidade social comum, a superposição do arcaísmo e das formas mais avançadas de extração de mais-valor, o papel do zelo, da experiência e do saber-fazer trabalhando nas entrelinhas dos regimes técnicos e impessoais – e a falta de perspectiva de transformação pela continuação do paradigma desenvolvimentista do trabalho.

Mas se o canteiro nos deixa entrever o jogo de forças que organiza a nossa geografia social, se torna, por isso mesmo, um

---

3 Oliveira, F. *Crítica da Razão Dualista; O Ornitorrinco* (Boitempo, 2003).

laboratório privilegiado das formas de negociar com esse terreno disforme: como demonstra Pedro Arantes[4], há um fio que liga a obscura intervenção de Sérgio Ferro nos anos 1970 – bem como os pequenos experimentos arquitetônicos que ele levou à frente com Rodrigo Lefèvre e Flávio Império – às práticas de mutirões autogeridos que desabrocharam nos anos 1980 e 1990. É que, como argumenta o autor, o esforço de pensar as contradições do canteiro de obras não se reduz apenas a um gesto crítico de denúncia, mas leva à formulação de um desafio concreto que se impõe à construção popular: é possível imaginarmos um *desenho emancipado*? Isto é, é possível imaginar uma forma de construção em que as condições e contradições reais do canteiro – a realidade dos construtores, do terreno, das ferramentas – participem da forma do que se constrói, em vez de serem soterradas sob os compromissos da construção com ideias e valores previamente definidos? Mais do que simplesmente criar um novo plano geral, um novo ideal construtivo ao qual toda construção deveria agora se adequar, o desafio levantado por Sérgio Ferro transforma o canteiro e a organização construtiva em um dispositivo *experimental*, um local privilegiado onde efetivamente se decide nossa capacidade de encarar de frente o terreno fraturado da vida social e inventar outra ideia de arquitetura.

Foi o desejo de nos inserirmos na história desse fio condutor – que liga os impasses da nossa imaginação construtiva à necessidade de reavaliar a realidade do "canteiro de obras" da luta política e, finalmente, aos desafios práticos da organização das esquerdas – que nos levou ao título deste livro. Longe de qualquer nostalgia pelos ideais da modernidade brasileira, trata-se antes

---

4 Arantes, P.F. *Arquitetura Nova: Sérgio Ferro, Flávio Império e Rodrigo Lefèvre, de Artigas aos mutirões* (Editora 34, 2002).

da tentativa de recuperar para a imaginação política as "lições da pedra" que o canteiro de obras tem para ensinar ao desenho e ao desejo construtivo – partindo, antes de mais nada, do duro aprendizado de que o impulso arquitetônico é essencialmente ambivalente: pode tanto soterrar em suas fundações o esforço e o sofrimento dos que ali se engajaram ou, deixando-se moldar por eles, transformar-se em um teste, e uma celebração, do que o esforço coletivo é capaz de erguer. Nosso ponto de partida aqui é a convicção de que essa mesma ambivalência também se aplica às organizações de esquerda, que podem ser erguidas *apesar* ou *por causa* de seus militantes – apesar ou por causa das contradições do nosso canteiro de obras, levando a resultados muito distintos.

Após o exílio na França, Ferro dedicou-se cada vez mais a entender o trabalho livre e o modo como a construção que se submete às condições materiais de sua produção deixa marcas efetivas na arte, em especial na pintura. É como se ele estivesse ciente de que um dos grandes obstáculos no caminho do desenho emancipado é a dificuldade que temos de reconhecer no inacabado os sinais de uma possível *conquista*, e não apenas do atraso ou da incapacidade de reproduzirmos uma forma final anteriormente planejada. Exercitar os desígnios de uma arquitetura nova, portanto, nos obriga a uma certa transformação na sensibilidade, no valor "indicial" da precariedade. Digamos assim: qual forma arquitetônica tem as fundações sociais mais sólidas, aquela que só tem valor se esconder seus defeitos e limites, ou aquela que sobrevive a eles? Ou ainda: qual organização política é mais sólida, aquela que perde credibilidade perante suas inevitáveis contradições ou aquela que é capaz de enunciá-las?

Nossa aposta, com esse livro, é que para investigar a situação das esquerdas no contexto de periferização generalizada é preciso incorporar essa outra sensibilidade à própria forma como elaboramos nossas ideias e as compartilhamos com os leitores. É por isso que dividimos nossa pesquisa em três partes, adotando estilos e abordagens conceituais diferentes para cada uma delas. A primeira – o "canteiro de obras" – reúne os seis textos de nosso debate inicial, realizado virtualmente em 2017[5]. Nesses capítulos, optamos por não ocultar as marcas das desavenças, da redundância, da falta de elaboração e mesmo os mal-entendidos entre nós – não apenas pelo desejo de tornar mais acessível o caminho que trilhamos, mas também por percebermos, retroativamente, o papel produtivo que a própria falha de comunicação teve no desenvolvimento das ideias que foram lentamente se consolidando ao longo da conversa. Não se trata, portanto, de simplesmente remeter o saldo final desse processo ao seu percurso e às nossas diferenças particulares, mas exemplificar, com nossa própria labuta, que esse resultado é, de alguma forma, irredutível à soma de nossas posições individuais.

A segunda parte do livro – a "caixa de ferramentas" – é composta de apenas um longo capítulo, assinado por nós dois, onde apresentamos em detalhes o modelo analítico que foi se sedimentando ao longo do nosso diálogo. A mudança drástica no modo como abordamos esse capítulo se deve ao fato de que nosso compromisso principal aqui é com a transmissibilidade dessas ideias, na expectativa de que uma apresentação mais formal facilite tanto a apropriação por terceiros quanto a elaboração de críticas e de furos em nosso argumento. Normalmente entendemos um "modelo" como um desenho a ser implementado – é, afinal, o que a metáfora arquitetônica clássica nos ensina – mas, como antecipamos, não é esse o paradigma construtivo no qual apostamos: o material reunido no sétimo

---

[5] Todos esses textos foram gentilmente publicados no Blog da Editora Boitempo, a quem agradecemos pelo espaço concedido para a discussão.

capítulo busca ampliar o leque de ferramentas que temos para navegar as contradições e especificidades da prática organizativa – inclusive as contradições entre diferentes desenhos e ideais estratégicos – e não se dispõe docilmente à aplicação tal qual uma planta-baixa.

Depois do debate e da apresentação formal, chegamos na terceira seção – "análise do terreno" – que conclui nossa investigação colocando algumas de nossas ideias a serviço da compreensão do terreno em que se move a organização política no Brasil hoje e discutindo as consequências disso tanto para a análise da direita contemporânea quanto das possibilidades e desafios das esquerdas. Como a segunda parte, a terceira foi escrita a quatro mãos. Somam-se aqui dois capítulos, um focado nas transformações do espaço democrático nas últimas décadas, sua relação com aspectos mais estruturais da conjuntura e com a consolidação de uma nova extrema-direita, outro centrado nas transformações sócio-econômicas do capitalismo contemporâneo e seus efeitos para a organização coletiva, a militância e o pensamento emancipatório. Diferente das duas seções anteriores, no entanto, adotamos aqui um tom mais especulativo, arriscando alguns prognósticos e propostas gerais.

É preciso antecipar também uma possível frustração do leitor. Por certo, vivemos um momento social e político no país sem igual – enquanto este livro é finalizado, o país ultrapassa a marca 400.000 mortes oficiais por Covid-19, enquanto a crise econômica e política se aprofunda ainda mais. No entanto, adiantamos que quem buscar aqui uma interpretação da conjuntura e dos caminhos imediatos que a esquerda deveria tomar hoje irá provavelmente se decepcionar – como falamos, a proposta de *Arquitetura de Arestas* não é oferecer o desenho de um prédio ideal, como se dois homens brancos de 30 e poucos anos estivessem em condição de dizer a alguém o que fazer, mas contribuir para uma nova forma de olhar para o real da prática política, para o canteiro de obras das esquerdas. Repetimos: «das esquerdas» – pois essa é, inclusive, a primeira contribuição que propomos: o reconhecimento de que não existe uma origem comum para os diferentes ímpetos emancipatórios que levam o nome de «esquerda». Razão pela qual o terreno das organizações de esquerda no Brasil não deveria ser encarado como um espaço homogêneo que tende naturalmente para a comunização ou para a harmonia entre as diferentes organizações e frentes de luta, mas como um canteiro composto de pessoas com pouco em comum, vindas de lugares distantes entre si, desejosas de construir alguma coisa sobre um terreno erodido, acidentado e movediço. Devemos, por causa disso, abdicar das alianças e das construções amplas? Claro que não – mas é preciso conhecer o modo como o avanço da forma social periférica, no Brasil e no mundo, transforma as condições materiais da organização coletiva, impondo novos desafios e trazendo algumas ilusões a baixo, se quisermos ter uma chance real de erguer algo que possa sobreviver a nós.

PARTE UM
CANTEIRO DE OBRAS

O social tem sido marcado por uma alteridade cada vez mais radical, porque a lógica que garantiria a expressão política da pluralidade social é cada vez mais minoritária. Cindido entre regimes normativos cada vez mais autônomos, o conflito que hoje interessa perscrutar não é o conflito de opiniões elaboradas a partir de um mesmo pano de fundo epistêmico, um mesmo regime normativo, uma mesma comunidade.

Gabriel Feltran, O valor dos pobres

1. As três dimensões da tragédia da esquerda no século XXI

Edemilson Paraná

Passadas as venturas e desventuras do longo século XX, há muito deixou de representar qualquer novidade a já repetida enunciação da crise do marxismo, em particular, e do horizonte de uma política emancipatória de esquerda, em geral. Como é de amplo conhecimento, ao menos desde meados do século passado, a esquerda debate-se em questões epistemológicas, teóricas e práticas de difícil, ainda que inescapável, enfrentamento: as "novas" identidades e sujeitos políticos, a reconfiguração das relações de produção e o consequente descentramento da classe trabalhadora "típica-ideal", a flexível plasticidade das novas formas de exploração e acumulação de capital, o peso e a materialidade da ideologia, os desafios postos às leituras de conjuntura frente à complexidade da realidade, a autonomia (relativa?) do político, os limites da razão, entre tantos, e intermináveis, problemas.

Muitas formulações, em múltiplas direções, algumas mais adequadas do que outras, buscaram decifrar essa esfinge que há tempos ameaça nos devorar. Debatê-las aqui, no entanto, não é meu objetivo. Se é verdade que longas e célebres análises e sínteses já foram produzidas a respeito, é igualmente certo que os becos do pensamento emancipatório continuam nos assombrando. A relação das forças e movimentos revolucionários com a institucionalidade burguesa e o poder do Estado, as aporias da forma partido, os desafios organizativos postos para os (já não tão) novos movimentos sociais, entre outros pontos, seguem todos ainda na agenda. Uma vez assumida essa necessidade, por onde e de onde (re?)começar o necessário (e trágico, no sentido grego clássico da palavra – já que as consequências não pretendidas da ação parecem sempre nos trazer de volta ao mesmo problema inicial) esforço de renovação teórico-político da esquerda?

Penso, como muitos, que convém começarmos pela boa e velha "análise concreta da realidade concreta". É evidente que nesta há incontáveis aspectos e facetas a serem cobertos, mediados ou condicionados por distintas abordagens. No espaço restrito deste texto, não pretendo ir além de uma primeira e limitada aproximação dessa vasta problemática. Para tal, me detenho a uma dimensão específica: a prática cotidiana das esquerdas nos espaços de luta política em que habita no presente. Partindo desse ponto, classifico em três as grandes "correntes" de ação da esquerda realmente existentes nesta quadra da história – e é evidente que, como tais, estas não se apresentam em estado "puro", tampouco excludentes entre si: i) uma esquerda institucional-parlamentar ou "estadocêntrica"; ii) a esquerda dita tradicional-radical ou "saudosa"; e, por fim, iii) a esquerda fragmentária ou dita "pós-moderna" (por mais complicada e problemática que seja a utilização deste termo, convém fazê-lo a bem da simplificação do debate).

Parece ser basicamente em torno desses três grandes polos ou modelos, mais próximas ou distantes de um ou mais desses tipos (ideais?), que as esquerdas têm se situado em termos de leitura de mundo, comportamento e ação política. Todas elas, grandes forças de gravitação, defendo, carregam vícios e virtudes, sendo importante mapeá-los a fim de uma primeira reflexão sobre o assunto. A reflexão se dará, de passagem, e de modo um tanto arbitrário, dadas as limitações características desse espaço, em três níveis: ideológico, epistemológico e político. Para efeitos de análise, assumirei, como ponto de partida, que os representantes de todas as frações são bem-intencionados e que igualmente buscam, por vias distintas, a transformação (radical?) da realidade – o que nem sempre é verificável no "mundo da vida" (mas isso levaria a discussão para outras e indesejadas esferas). A eles, pois.

O primeiro "tipo", institucional-parlamentar, é bastante conhecido, já que carrega alguns séculos de existência nas costas, mesmo que venha reconfigurando-se desde então. No aspecto ideológico (discurso-representação de mundo que orienta suas práticas), corresponde ao pragmatismo de esquerda clássico, que encontra centralmente no Estado a razão e causa maior do poder. Daí, como sabemos, derivam-se a opção pelo reformismo gradualista (com ou sem povo) e a crença na capacidade de alcançar uma sociedade livre e justa pela via incremental, mais ou menos estável, sem valer-se, para tanto, de rupturas acentuadas. Na dimensão epistemológica, o abandono da radicalidade anticapitalista e, dessa forma, de uma leitura orientada para a ruptura sistêmica, funciona como uma grave barreira à imaginação crítica e, desse modo, ao seu pensamento pretensamente transformador – algo que acaba levando-a a alianças quase perpétuas com o pensamento liberal-burguês de "rosto humano": os proxies do keynesianismo econômico e as teorias liberais da sociedade e da democracia, que prezam pela moderação diante das conquistas da modernidade capitalista. Por último, no aspecto político, essa forma de ver a mudança social acaba encontrando afinidade com o institucionalismo utilitarista e a indefectível paixão pelo poder, produtos de uma grave confusão entre mudança e manutenção da realidade. Em suma, ao tentar civilizar o capital, acaba por ele civilizada.

A esquerda radical tradicional (ou saudosista, dirão alguns), o segundo tipo, mantém, no que se refere à dimensão ideológica, seu caráter anticapitalista e, por isso, desconfia da cooptação pelo Estado burguês, apostando suas fichas no socialismo e na revolução. No aspecto epistemológico, é certo, isto a possibilita sustentar algum vigor crítico e analítico, bem como certa solidez dos modelos teóricos – ainda que, em alguns casos, em sacrifício da complexidade do real. Na dimensão política, no entanto, e ainda que seja digna de nota sua heroica e valorosa resistência ao longo das últimas décadas, segue, de certo modo, vinculada cognitiva e discursivamente a um mundo pré-queda do Muro de Berlim, como numa grande elegia dos "sobreviventes" da história, presa a questões de outro tempo. Assim articulada, por mais refinada e influente que seja sua crítica antissistêmica, tende ao elitismo político e ao nanismo, afastada que está do universo de questões que governam o senso comum e a vida cotidiana das maiorias sociais. Por fim, um senso de proporção um tanto distorcido e a pouca abertura para pensar e recriar a realidade a partir de novas categorias a faz escorregar em lamentáveis demonstrações de sectarismo e dogmatismo.

Por último, chegamos à esquerda fragmentária, nossa terceira "corrente". É certo que esta nasce da crise das duas precedentes, e como resposta aos seus problemas supostamente congênitos. Isso se dá em meados do século passado (1968 é, certamente, um marco importante), mas ganha fôlego renovado a partir do fim do dito "socialismo real", perpassado pela retórica do "fim das grandes narrativas" em tempos "pós-ideológicos". Na dimensão epistemológica, busca na efemeridade dos movimentos transitórios, na particularidade como elemento constitutivo, na cognição de corte relativista e na desconfiança da razão remédios contra a fixidez das estruturas e a subsunção da parte pelo todo-totalidade, ciosa que é da procura por novas bases para pensar o problema da liberdade (em detrimento da igualdade?). No aspecto ideológico, a crítica ao capitalismo, quando é o caso, dá precedência à dimensão ético-comportamental, descurando de suas tensões sistêmico-estruturais; sobrevalorizando, dessa forma, esferas micropolíticas de atuação em detrimento de sua contraparte macrossocial. Desse modo, assim como no primeiro tipo, termina por colaborar consciente ou inconscientemente com o (neo)liberalismo e o mito moderno do indivíduo autodeterminado, que aqui se torna – implícita ou explicitamente – a unidade fundamental de análise. No aspecto político, ao manter certa desconfiança da busca por unidades em detrimento das diversidades (como se no fundo estas fossem inconciliáveis), acaba jogando água no moinho da fragmentação político-organizativa. Ao apostar as fichas na imanência fluida das redes sem dar devida atenção aos seus constrangimentos e limites, termina refém de conceitos de horizontalidade e autonomia não raro esvaziados de conteúdo material. Tudo somado, a ideia de projeto político-estratégico perde sentido e horizonte, apontando para uma gestão reativa, imediatista e performática da luta social.

Estarão certos os que dirão ser esta uma forma talvez por demais simplificada de apresentar o panorama. Poucos são os grupos na esquerda que estariam enquadrados em só um desses tipos e é igualmente certo que, dessa forma categorizados, acabam drenados de sua enorme diversidade, bem como histórias particulares e conjunturas constitutivas. Igualmente corretos estarão em criticar certa arbitrariedade dessa classificação no denso, polissêmico e multifacetado campo da pratica teórica, onde o fosso é, sabemos, ainda mais profundo. Defendo, no entanto, que são essas as três grandes forças de gravitação que atraem a maioria das organizações, movimentos e coletivos políticos de esquerda atualmente, forças que precisam ser superadas naquilo que tem de perniciosas, e, quiçá, canalizadas naquilo que tem de irruptivas. Eis, então, a proposição de um primeiro e ainda precário parâmetro que julgo útil e funcional para nos ajudar a começar a ler as tragédias da esquerda no século XXI, em suas potências e misérias – orientada, naturalmente, para a busca de soluções.

Fica posta, no entanto, como sempre, a pergunta sobre as eventuais saídas, sobre o quê fazer diante do quadro acima proposto. Seria uma enorme pretensão dar, de pronto, uma resposta sumária, já que esta será inevitavelmente produto da imprevisível e apaixonante tarefa de invenção política coletiva. No entanto, cabe, como ponto de partida para uma reflexão que seguirá, uma segunda provocação: e se, na busca por uma esquerda conectada com os desafios de nosso tempo, conseguíssemos nos pautar pela necessidade de reter as virtudes e descartar os vícios de cada um dos tipos acima descritos?

Dito dessa forma, pareceria demasiado simples, em especial se considerarmos que esses três tipos são irremediavelmente interdependentes, e que, possivelmente, seus vícios e virtudes são, ao fim e ao cabo, inseparáveis entre si; já que cada uma dessas correntes, representa, em última instância, visão de mundo mais ou menos coerente com sua própria amarração e lógica interna. É igualmente razoável atentar para o fato de que, em geral, o caminho circular que vai de um tipo ao outro acabou por se tornar a via sacra de militantes frustrados e desiludidos com seus próprios espaços de atuação política, sempre em busca de seu próprio (e, por vezes, pessoal) paraíso organizativo.

Como, então, operacionalizar objetivamente tal proposta? Aí reside, certamente, o mais difícil. Sem pretensão de resolução de problema, nos permitamos ao menos imaginar, especular. Há de se começar por algum ponto, afinal.

Da esquerda de primeiro tipo, buscaríamos manter o necessário pragmatismo da ação: o planejamento, desenho e busca pela concretização de novas de propostas de governo da vida política e social, permeada por valores radicalmente democráticos, e que falem diretamente para as necessidades mais prementes e cotidianas das pessoas, no seu "agora". Junto disso, a clareza quanto ao caráter contraditório, nada idílico, da política cotidiana, como campo de guerra que é. Da esquerda de segundo tipo, nos caberia manter o vigor crítico, a tenacidade da resistência abnegada, a radicalidade antissistêmica e a orientação para projetos estratégicos que tenham como horizonte a superação do capitalismo. Por fim, da última dessas "correntes", cumprirá reter, em tempos de crise civilizacional, o compromisso com uma renovação ético-estética da política, a criatividade e irreverência na produção de novos arranjos organizativos, o valor da sustentabilidade, o respeito à diversidade e a desconfiança consequente da razão. Poderia ser, quiçá, um bom começo.

Para isso, precisaremos nos livrar do apego ao poder pelo poder e da falência da crítica, do sectarismo dogmático e saudosista e, por fim, da ação fragmentária, individualista e performática de nosso tempo. O necessário e hercúleo esforço de construção de leituras profundas, atualizadas e precisas do capitalismo precisará ser encontrado com a investigação obsessiva e a tentativa prática de novas formas politico-organizativas, compatíveis com as lutas e desafios revolucionários contemporâneos. Eis, pois, a tarefa a que deve se empreender todo pensamento-ação que se pretenda crítico: entender, criticar e transformar o mundo a sua volta.

2. Da tragédia à comédia

Gabriel Tupinambá

Um grande mérito da contribuição de Edemilson Paraná que inicia esse nosso debate foi ter abordado as "três dimensões da tragédia da esquerda" a partir de categorias e métodos de análise elaborados pela própria esquerda, focando na "prática cotidiana das esquerdas nos espaços de luta política em que habita". A famosa frase de Marx de que "a humanidade só se coloca problemas que é capaz de resolver" poderia ser relida nessa mesma chave: talvez o aspecto realmente central dessa formulação seja que a superação de um obstáculo externo a um dado sistema dependa, antes de mais nada, de sua reconstrução como um objeto dentro desse mesmo sistema. Como a Tatiana Roque define muito bem em seu estudo sobre a noção de problema na filosofia: "abrimos mão de nossa liberdade de pensar quando nos deixamos impregnar pelos problemas considerados importantes na atualidade (...) o que talvez precisemos é aprender a colocar os problemas que importam"[6]. Afinal, até hoje quem melhor "resolveu" os problemas capitalistas foi o próprio capitalismo: e não apenas por se mostrar plástico o suficiente para lidar com seus próprios limites históricos, mas porque mesmo soluções mais progressistas para problemas formulados de maneira ca-

---

[6] Roque, Tatiana (2008) *Sobre a noção de problema*, em Lugar Comum Nº23-24, pp.135-146.

pitalista acabam por permanecer compatíveis com o sistema. Talvez haja uma espécie de epistemologia política a ser extraída dessa citação do Marx: o capitalismo resolve problemas capitalistas e uma alternativa não-capitalista deveria, pensando assim, buscar formular *na sua interioridade* os problemas que gostaria de solucionar[7].

Portanto, tomar os problemas da esquerda como objeto de investigação não deveria apenas significar fazer um balanço de vitórias e derrotas no confronto com um adversário – ainda que isso também precise ser feito num segundo momento – mas, principalmente, disputar o "controle dos meios de produção de problemas", para que a formulação dos nossos obstáculos faça uso da mesma trama conceitual que queremos mobilizar para tecer nossos próximos passos. É nesse sentido que entendo o mérito de recortarmos a situação da esquerda atual do ponto de vista da "prática cotidiana", isto é, do ponto de vista do posicionamento concreto de diferentes tendências em relação às esferas da vida econômica e política que buscam afetar. E de fazê-lo com suficiente rigor para, uma vez escolhido esse objeto de análise, submetê-lo a um estudo que diferencie esses "tipos ideais" de suas diferentes misturas em casos concretos e que mapeie cada "corrente" como a imbricação de diferentes níveis – que, nesse caso, Paraná restringiu aos níveis "ideológico, epistemológico e político". O importante é que essas são ferramentas de análise que nós aplicaríamos à crítica de nossos adversários políticos e às "análises concretas de situações concretas" alheias a nossa própria composição política – nada mais correto, portanto, do que aplicar a nós mesmos o rigor crítico que aplicamos ao resto do mundo.

---

[7] Lazarus, Sylvain (2017) *Antropologia do Nome*. Editora Unesp.

A tragédia celeste das esquerdas

Segue-se, então, a caracterização das "três grandes forças de gravitação" responsáveis pela composição das diferentes correntes da esquerda atual – para simplificar: a esquerda parlamentar, a esquerda tradicional e a esquerda fragmentária. O que salta à vista logo de saída é que cada uma parece se articular a partir de um polo diferente do complexo social, que eu traduziria da seguinte maneira: a esquerda parlamentar organiza-se em torno do Estado, a esquerda tradicional, ou radical, em torno do capital, e a esquerda dita "fragmentária" orienta-se pela cultura ou pelas comunidades[8]. Assim, Paraná aponta como a primeira "encontra centralmente no Estado a razão e causa maior do poder", a segunda mantém "seu caráter anticapitalista" e a terceira "dá precedência à dimensão ético-comportamental". E sugere também que é a partir dessas diferentes interpretações do "ponto sintomal" da estrutura social que cada tendência da esquerda articula seus aspectos ideológicos (sua teoria do poder), epistemológicos (sua análise crítica da realidade) e políticos (suas formas de organização e suas pautas). É certamente uma boa caracterização da maneira como a tragédia da esquerda aparece para nós hoje, oferecendo um panorama bastante útil para a descrição e distinção das organizações e movimentos políticos atuais. Mas acredito que é possível encontrar um fio solto aqui e que, se puxado, poderia colocar muitos aspectos desse mapeamento em questão. Vou introduzi-lo a partir das metáforas que o próprio Paraná utilizou.

---

[8] Minha leitura da proposta do Edemilson foi muito influenciada pela teoria dos modos de intercâmbio do Kojin Karatani. Ver Karatani, Kojin (2014) *The Structure of World History*. Duke Press.

Primeiro, o problema da tragédia. É importante lembrar que o gênero trágico não é apenas aquele que foca nos infortúnios ou nas limitações da humanidade, mas antes uma forma de dramatização em que o infinito, ou o mais-além, coincide com a finitude ou a limitação. Édipo não só quer escapar de seu destino, como a princípio consegue – vai mais além – mas "encontra seu destino na estrada que tomou para evitá-lo": é seu sucesso em escapar do oráculo que realiza a profecia do oráculo, e, portanto, seu fracasso. A grande tragédia nunca é só a tragédia de fracassar e não conseguir o que queremos, mas acima de tudo a tragédia de conseguir o que queremos e mesmo assim fracassar. Nesse sentido, talvez fosse interessante não entender o destino trágico da esquerda atual como um fracasso em "reter as virtudes e descartar os vícios" de cada vertente, tragédia portanto de superar a fragmentação, mas como a tragédia ainda mais impiedosa de que, em sua desconexão, a esquerda atual já está conectada – uma dinâmica em que as deficiências de cada corrente alimentam as certezas e funcionamento das demais.

De fato, falta no mapeamento proposto por Paraná uma análise da interação entre essas diferentes correntes da esquerda. O que nos leva à segunda metáfora utilizada, a das "forças de gravitação". Grandes corpos celestes exercem força gravitacional sobre outros menores, mas também exercem força entre si: a organização de um sistema planetário é condicionada pelo equilíbrio entre corpos que se atraem mutuamente, de modo que se tivéssemos um sistema com três planetas, cada um com várias luas em órbita, teríamos ainda que considerar a influência de um planeta sobre os demais, e de cada um dos demais sobre os outros, etc. E é do ponto de vista dessa interação que eu gostaria de retomar o panorama proposto no capítulo anterior.

Considerando essa dimensão da análise, vemos que algumas das características dessas diferentes tendências da esquerda não parecem decorrer diretamente da lógica interna de cada um desses "atratores" sociais fundamentais – Estado, Capital, Cultura – mas sim da insistência, comum a todas as correntes, de subsumir as outras duas forças sob uma terceira. A esquerda parlamentar acreditando na capacidade da reforma do Estado de resolver as contradições do Capital e das comunidades, a esquerda tradicional acreditando que a mudança sistêmica anticapitalista altera por si só as contradições na "superestrutura" estatal e cultural e a esquerda fragmentária apostando que a transformação ética e estética da vida cultural bloqueia e subverte as dimensões institucionais do Estado e do Capital. Trata-se de um ponto em comum entre elas, e que nos permite, assim, pensar a conjuntura da esquerda como um complexo organizado e estruturado, com propriedades globais irredutíveis a cada uma de suas partes.

Ideologicamente, esse complexo parece se sustentar a partir da crença de que deve haver uma dimensão da vida social que teria o potencial de resolver as contradições das demais esferas da sociedade. Seja o esquema de transformação social baseado no gradualismo, no modelo insurrecional ou em táticas de resistência e subversão, podemos reconhecer nesses diferentes modelos a mesma propriedade geral. De um lado, ela aparece como a tendência analítica de reduzir os outros modelos de transformação a formas mistificadas de reprodução e manutenção da realidade social vigente. Por outro, como uma ignorância sistemática dos efeitos de seu próprio modelo de atividade e prática sobre as outras esferas da vida social e política, de modo que a emergência de novas ou mais acirradas contradições costuma ser entendida como efeito de uma reação por parte dos adversários políticos, ou de uma incompreensão das massas, e nunca como efeito colateral da ação dessa própria força da esquerda.

Epistemologicamente, há também um curioso efeito de "feedback" nesse sistema, uma vez que o déficit ideológico descrito acima leva cada uma das correntes da esquerda atual a fracassar naquilo que almejam realizar, fracassos esses que servem, no entanto, de prova verificável para as demais tendências de que cada uma delas está correta em seu posicionamento e análise da realidade. A esquerda parlamentar se reforça cada vez que, ciente do papel do Estado na organização social, observa como a desconfiança do jogo eleitoral – por parte da esquerda tradicional – e a crítica das instituições – por parte da esquerda fragmentária – acabam por preservar a máquina estatal na mão dos mesmos interesses contra os quais essas duas correntes se organizam em suas denúncias. A esquerda tradicional, por sua vez, também encontra-se justificada em seu puritanismo ou em seu apego às expectativas revolucionárias quando assiste de camarote à implementação de políticas públicas impopulares por parte de governos de esquerda e a inépcia dos movimentos identitários em compor forças políticas para além de seus condomínios. E a esquerda fragmentária, finalmente, ganha ainda mais legitimação ao reconhecer um mesmo impasse subjacente tanto à esquerda parlamentar quanto à esquerda tradicional: por baixo do eterno debate sobre "reforma ou revolução" reconhece a recusa, comum a ambas, de pensar uma política que não dependa de uma força cega de normativização e uniformização das culturas e dos corpos. E enquanto existe esse ponto cego comum, a esquerda fragmentária encontra ali o seu objeto de crítica e seu lugar.

O mais importante, no entanto, é o aspecto político, pois é esse que revela o caráter efetivamente trágico da situação. Trágico no sentido proposto acima: há certamente um fracasso da esquerda, mas é um fracasso dentro do qual se realizou aquilo que almejávamos. Pois há uma unidade complexa nessas partes dispersas, uma espécie de trâmite organizacional entre partidos com potencial de disputa do Estado, pequenas organizações radicais e movimentos sociais, nas quais o militante que toca na contradição interna de um desses componentes encontra alívio e poder crítico em outro deles – ignorante do fato de que a constituição ideológica, epistêmica e política desse outro polo é parte do problema que garante a existência e a não-resolução da contradição que o incomodou, em sua organização anterior.

Os processos de "migração" da militância teriam assim uma lógica interna, muito como os processos de migração dos refugiados, que também se tornam inteligíveis quando consideramos as contradições moventes que se deslocam com eles – nas esferas do capital, das nações e dos estados. E, num sentido mais geral, me parece plausível sugerir que, em sua organização, a esquerda atual não faz muito mais do que aprender a lição do capitalismo contemporâneo, em que as contradições de cada esfera social são constantemente deslocadas para as demais: a crise do valor mobilizando tanto a máquina estatal quando o ideário nacionalista para conter os efeitos da "população excedente", a falência do estado de bem-estar social sendo gerida por um empuxo de privatização generalizada e uma mercantilização da cultura como modelo de inclusão social alternativo, etc.

Esse nível de análise da totalidade da tragédia tem efeitos importantes na hora de pensarmos o que poderia vir pela frente. Logo vemos, por exemplo, que há uma imbricação transversal entre as virtudes e os vícios de cada tendência da esquerda, de modo que não podemos simplesmente sugerir que, jogando fora os vícios, não perderíamos também as virtudes, já que a consistência interna de cada "atrator gravitacional" também depende da distância que mantém dos demais. Não há dúvidas que a pergunta correta frente a qualquer catástrofe é sempre aquela que diferencia o luto da melancolia: ao contrário da resignação depressiva que joga fora a realidade em nome de uma paixão por um ideal perdido, o luto desloca essa divisão para a própria realidade, e pergunta, como o faz o autor de *Três Tragédias*, o que pode ser preservado e o que já está perdido numa dada situação ou num dado investimento pulsional. Mas nem sempre essa divisão recobre àquela entre virtudes e vícios – às vezes o que deve ser preservado se apresenta na forma de um problema, e não de uma solução. E aí cabe a nós justamente formular esse impasse e nos reconhecermos nele.

Certamente, uma maneira de colocar a situação é dizer que a esquerda está dividida em partes que não se comunicam, e o problema seria, portanto, pensar sua união, a combinação de seus pontos positivos, abdicando dos aspectos negativos que impedem essa formação sinérgica. O que estou sugerindo aqui, no entanto, é que a tragédia atual talvez seja justamente a tragédia de uma esquerda que *já está organizada*, uma vez que as virtudes de cada corrente só se sustentam a partir dos vícios das demais, repetindo dentro da prática cotidiana das esquerdas um modelo complexo de dissolução de contradições que espelha muito bem o funcionamento do mundo em que vivemos. Desse ponto de vista, podemos propor uma interpretação propriamente trágica da citação de Marx, reconhecendo a trágica vitória que habita nossa derrota: nos colocamos um problema (a unidade da esquerda) justamente porque temos os meios de resolvê-lo – não meios futuros, mas meios presentes, pois a esquerda infelizmente já o resolveu.

Contradição é coisa dos outros

A razão pela qual essa solução não aparece como tal do nosso ponto de vista é que, como sugeri acima, trata-se da solução para um problema formulado na "gramática" do nosso sistema social, isto é: não foi construído, analisado e abordado desde as ferramentas críticas da própria esquerda. Ora, como tendemos a utilizar nosso arsenal crítico para analisar apenas as contradições "antagônicas", produzidas e reproduzidas pela sociedade capitalista, e não temos o costume de aplicá-las para pensar nossa própria imersão nessa mesma sociedade, nossos impasses só poderiam mesmo parecer fruto de uma fragmentação ideológico-política quase caprichosa, desconectada do resto do mundo. E, como sempre, quando não temos recursos teóricos para avaliar as causas de um predicamento, substituímos esse esforço conceitual por um deus-nos-acuda de análises morais, de caráter e fraqueza dos outros perante pressões externas. O que é uma pena porque, enquanto a análise de um dado fenômeno social encontra "caixas pretas" que a análise crítica precisa contornar, a investigação da organização material (divisão do trabalho, caráter de classe, ideologia, compromissos epistêmicos, etc.) da própria esquerda, ainda que traga seus próprios impasses, poderia apreender de maneira diferente – na sua "interioridade" – alguns aspectos da vida social, como num laboratório que simula em condições controladas variáveis de funcionamento mais geral. Há inclusive mais rigor teórico em encontrar contradições numa região do mundo e pensar a transitividade entre essa região e o todo do que fazer o caminho inverso, partindo de um fenômeno que se apresenta em condições descontroladas e derivar daí sua distribuição em regiões afetadas ou não por essa lei fenomênica[9].

---

9 Essa era, inclusive, a lição do velho Bachelard que Althusser penava para

Dá para imaginar quão diferente seria o tratamento das contradições sociais por parte de uma esquerda que reconhecesse essas contradições em si antes de nos outros?

Outro aspecto desse mesmo impasse é que permanecemos comprometidos com a ideia de que a vocação da esquerda é resolver contradições – soluções anticapitalistas para problemas capitalistas, mas também, como sugeri em minha análise acima: soluções antiestatais para problemas capitalistas e culturais, soluções antinormativas para problemas estatais e capitalistas, soluções anticapitalistas para problemas estatais e culturais... – ao invés de aceitarmos a tarefa de propor novas contradições e problemas, impasses que invariavelmente acompanhariam qualquer tentativa de reorganizar as forças do campo da esquerda. Isso não significaria abandonar o mundo às moscas, pelo contrário: produzir problemas e contradições é o que o mundo parece fazer melhor, então seria antes o caso de construir meios que nos permitam desenvolver uma paixão maior pelo mundo, sem sentir que com isso estamos condenados a querê-lo como ele é. Um pragmatismo intrínseco à política emancipatória, e não apenas acessório ou tático, só poderia nascer daí[10].

Vale notar também que o aparato crítico da esquerda, pelo menos em seu viés marxista, se organiza justamente em torno da produção de contradições: por mais que a crítica da economia política, a análise do Estado e da vida cultural e política se refiram a estruturas e formas sociais mais gerais do que as organizações

---

traduzir politicamente.
10 É assim que compreendo o cerne político da "proposição cosmopolítica" de Isabelle Stengers: quando precisamos navegar múltiplos regimes normativos que são contraditórios ou incompatíveis entre si, fazemos bem por nos guiar por aquilo que é *eficaz* numa dada situação. O pragmatismo surge como forma de "permanecer com o problema", como diz Donna Haraway, sem, portanto, perder capacidade de ação e de formação de novas alianças.

e práticas militantes da esquerda, não temos como contornar o fato de que o marxismo contribuiu muito para que pensássemos o mundo desde a realidade das contradições. Ou seja, nosso aparato crítico enxerga por todos os lados o deslocamento horizontal e vertical das contradições na história, mas nosso aparato construtivo ou propositivo parece ainda firmemente condicionado pela promessa de que a política emancipatória seria responsável pela superação das contradições em geral. E a única maneira que conhecemos de superar contradições locais é um sistema complexo em que as contradições de cada parte são deslocadas para a próxima, e assim sucessivamente, de modo que o todo permaneça coeso e interligado, impedindo que a crise interna de um componente leve a sua dissolução. Ou seja, num certo sentido, a real tragédia da esquerda é que não conseguimos pensar maneiras de superar nossa situação atual não porque temos um problema sem solução, mas porque solucionamos um problema em termos que não podemos aplicar a nossa própria existência. Desse ponto de vista, as virtudes da esquerda atual são virtudes em conteúdo, mas formalmente são sintomas de um vício mais profundo.

Três hipóteses

Mas nem tudo está perdido. Caso faça realmente sentido esse diagnóstico de que cada componente da esquerda se articula aos demais pela promessa de que teria condições de resolver as contradições esquecidas ou criadas pelas demais correntes, o que sobraria caso abandonássemos essa promessa de superação das contradições, ou pelo menos essa maneira de pensar "superação"? Vale acrescentar: abandonássemos não apenas de nossas cabeças individuais, mas na "prática cotidiana das esquerdas nos espaços de luta política em que habita"? Bem, torna-se necessário colocar então a seguinte questão: o que seriam formas de organização – em pequena, média e larga escala – que não se articulem a partir do deslocamento de suas próprias inconsistências para outras esferas da vida social?

Do ponto de vista dessa questão, podemos retornar ao nosso mapa das correntes de esquerda atual – parlamentar, tradicional e fragmentária – e reavaliar o que sobrevive ao nosso modelo crítico alternativo.

Se existe efetivamente uma unidade complexa na esquerda, que é percebida teoricamente por cada uma de suas partes como uma desunião, então uma primeira hipótese seria a de que experimentamos hoje os efeitos de um *déficit teórico:* uma incapacidade de adotar sistematicamente o ponto de vista de onde tal unidade poderia ser apreendida. E, de fato, como sugerimos em nossa análise da caracterização de cada uma delas, o que parece ser um fator comum a todas é pensar os modos de implicação entre Estado, Nação e Capital a partir de modelos de determinação linear, através dos quais a transformação de uma esfera do poder, tomada como fundamental, ocasionaria efeitos irreversíveis nas demais. Ora, já vimos que nenhum fragmento da esquerda se organiza assim: já que os limites de uma corrente só fazem fortificar a posição das outras, e os limites das demais esquerdas por sua vez alimentam a perseverança do primeiro campo em sua própria orientação. A construção de um modelo de determinação social complexo, capaz de preservar as especificidades das lógicas do Capital, do Estado e da Cultura sem deixar de considerar como cada uma dessas lógicas interage de maneira essencial com as demais, seria um bom exemplo de como, ao tentar formular o problema da organização concreta da esquerda atual, estaríamos também contribuindo para a formulação de um modelo de compreensão das relações sociais em amplo espectro.

Uma segunda hipótese é que, do ponto de vista da irredutibilidade dessas lógicas de intercâmbio social, a divisão da esquerda em três grandes correntes poderia ser entendida como um passo errado, mas na direção certa. Ou seja, as formas organizacionais, ideológicas, epistemológicas e políticas que correspondem aos desafios do capitalismo contemporâneo realmente tendem a se organizar como esferas irredutíveis, ainda que articuladas – de modo que a separação da esquerda em três polos, e três lógicas, poderia ser entendida como *um sintoma aparente de um sistema de determinações sociais reais ainda por ser compreendido*. Um impasse à espera de uma forma de pensar a prática política que nem busque extrair seu poder de mobilização social da promessa de superação de todas as contradições e nem assuma que a unidade ou o comum se apresentam como homogeneidade, estabilidade ou transparência[11]. Nesse caso, seria necessário imaginar um outro critério para o que seria uma "unidade na esquerda" – um modelo de avaliação mais parecido com aquele que aplicamos à análise do sistema capitalista atual, do qual falamos sem grandes problemas como objeto de uma referência comum, ainda que saibamos quão heterogêneo, desconjuntado e sujeito a contingências esse está.

Isso nos traz a uma terceira hipótese, que diz respeito mais especificamente à dimensão individual e mesmo psíquica da

---

[11] Diversas abordagens estão sendo elaboradas hoje sob as premissas de dar mais espaço ao contraditório e de não demandar unidade ou homogeneidade dos atores da luta política – mas, curiosamente, quase todos esses projetos se articulam a partir de uma das três tendências que descrevemos e defendem suas novas propostas em contraposição ao pensamento supostamente "unificante" e "totalitário" dos demais campos de esquerda! Estamos prestes a ver cada ilha da esquerda com uma teoria de como estabelecer alianças heterogêneas e plurais, mas tão submersa na ideologia de que o outro é totalitário, que na prática alianças continuarão impossíveis. Difícil não reconhecer aí um roteiro para uma comédia de erros.

organização política. Pois as três categorias escolhidas por Paraná para balizar o panorama das correntes da esquerda atual – a análise ideológica, epistemológica e política – tocam todas, ainda que indiretamente, numa quarta categoria, a de "sujeito". Sujeito que se reconhece através de uma ideologia, que conhece através de esquemas cognitivos, que age através de uma teoria da transformação política. Mas a categoria do sujeito tem pelo menos mais um aspecto digno de consideração nessa análise, que é que o sujeito político moderno está, por definição, preso numa disjunção – muitas vezes insuportável – entre dois mundos: aquele que a história nos lega e aquele que construímos historicamente. Na política de esquerda, essa disjunção se apresenta principalmente como uma tensão entre as formas de reprodução social que sustentam uma dada fração da militância e os modelos de transformação social que ela propõe e exercita.

De certa forma, a esquerda é mesmo uma forma de loucura, como sugerem nossos adversários – nós realmente temos o desejo de viver uma tensão sem a qual seria sim possível levar uma vida digna. A militância efetivamente opera um tensionamento ainda maior desse dilaceramento entre a vida que levamos e a vida que é digna de ser vivida – entre diferentes formas de uso do tempo – dificultando a compatibilidade entre nossas histórias e planos de vida, realçando e transformando a maneira como sofremos, etc. Mas como reconhecer e nos responsabilizar pelo tipo de padecimento que podemos causar – sobre nós mesmos e sobre os outros – se não pudermos formular as contradições do mundo em termos que incluam o funcionamento da própria esquerda? Como poderíamos cogitar a possibilidade de que a resistência de alguém às nossas ideias pudesse ser uma resposta racional e legítima à impossibilidade – até mesmo material – de suportar essa loucura? Uma terceira hipótese seria, portanto, de que por trás do problema epistemológico de reduzir o esquema causal das formações sociais a uma só esfera da vida talvez encontremos nosso desejo de deslocar para os outros a causa de um sofrimento que, afinal de contas, fomos nós que inventamos. Para desembaraçar – e de fato entrelaçar – essas diferentes forças que compõem a política emancipatória seria preciso, portanto, que as organizações políticas fossem capazes de nomear e dar contorno a essa tensão própria da militância, de maneira a transformá-la num ponto a ser explicitamente tratado pelos coletivos. Ou seja, pode ser que se revele necessário – como uma etapa provisória, mas importante na reinvenção dos arranjos das esquerdas – a invenção de espaços coletivos em que possamos exercitar a formulação de nossos próprios problemas. Isto é, menos a criação de um novo sujeito político, mas a criação de um novo jeito de escutar esse sujeito: uma forma de endereçarmos nosso padecimento enquanto militantes que não dependa tanto dessa dinâmica autofágica que desloca as contradições de uma esfera da vida social para outra, de um fragmento da esquerda para o outro, numa rede de implicações mútuas que se reafirma infinitamente.

Seria irônico descobrir que "comunismo" é um nome que vai ganhar realidade histórica no século XXI primeiro como um método de tratamento das contradições "não-antagônicas" dentro da esquerda, antes de se constituir como uma estratégia de transformação da realidade social como um todo. Mas tem gente que acha que conseguir o que a gente deseja, mas não o que a gente quer, é a própria forma da comédia – o marido quer trair a esposa, e a esposa o marido, cada um vai na festa mascarado... e, sem saber, acabam se traindo um com o outro! – e eu acho que essa mudança de gênero narrativo por si só já seria um indício convincente de transformação.

3. A esquerda diante do poder: do trágico ao cômico para o tragicômico
Edemilson Paraná

> "Vou fazer com que seja uma peça mista: com que seja uma tragicomédia porque não acho certo que seja uma comédia uma peça em que aparecem reis e deuses. O que vou fazer, então? Como também um escravo toma parte nela farei que seja, como já disse, uma trágico-comédia." (Plauto, Anfitrião, ou Júpiter em disfarce, Ato 1, Prólogo).

O desafiador comentário de Gabriel Tupinambá traz provocações que escalam a discussão em complexidade, nos convidando a mudar aqui o gênero narrativo quanto à situação atual das esquerdas: da tragédia à comédia. Acolho como pertinente grande parte de seus desenvolvimentos, mas aponto que, de modo a fazerem mais sentido, estes precisam ser ajustados de tal forma que se articulem à problemática das esquerdas diante da disputa pelo poder e acúmulo de força social – algo que nos coloca, por fim, face ao tragicômico de nossa situação.

Cabe a nota, antes, de que, tanto neste texto quanto em minha primeira contribuição, mais do que uma construção formal e conceitualmente acabada, procuro oferecer elementos ainda precários para um debate político que, em um quadro de crise permanente, tem encontrado inúmeras dificuldades para se desenrolar entre nós. Trata-se, então, e antes de mais nada, de um experimento. Dito isso, previamente ao desenvolvimento de uma contra argumentação, cumpre resgatarmos rapidamente a polêmica em tela.

Um resgate da polêmica

Depois de meu diagnóstico inicial sobre a divisão da tragédia das esquerdas em três dimensões fundamentais – simplificadamente: esquerda parlamentar, esquerda tradicional e esquerda fragmentária –, Tupinambá avalia criticamente tal categorização, vinculando-a respectivamente às dimensões sociais correspondentes aos domínios do Estado, do Capital e da Cultura. Feito isso, o autor desenvolve sobre aquilo que sustenta como uma já existente complementaridade trágica entre os três tipos de esquerda, argumentando que, em verdade, o problema da unidade das esquerdas só surge historicamente porque já está, de algum modo, e contraditoriamente, resolvido. É que, para ele, a fragmentação das esquerdas revela uma complementariedade oculta não só entre cada uma delas como também de seus vícios e virtudes, aqui compreendidos como inseparáveis. A partir deste ponto de vista, desconfia da possibilidade de se descartarem os vícios para se manterem as virtudes de cada uma dessas esquerdas – especulação que apresento em meu primeiro artigo.

Daí o autor passa à apresentação de três hipóteses para o tratamento do problema. "Se existe efetivamente uma unidade complexa na esquerda, que é percebida teoricamente por cada uma de suas partes como uma desunião, então uma primeira hipótese seria a de que experimentamos hoje os efeitos de um déficit teórico", argumenta. Como num encadeamento deste raciocínio, aponta que "uma segunda hipótese é que, do ponto de vista da irredutibilidade dessas lógicas de intercâmbio social, a divisão da esquerda em três grandes correntes poderia ser entendida como um passo errado, mas na direção certa. (...) Nesse caso, seria necessário imaginar um outro critério do que é unidade na esquerda – um modelo de avaliação mais parecido com aquele que aplicamos à análise do sistema capitalista atual, do qual falamos sem grandes problemas como objeto de uma referência comum, ainda que saibamos quão heterogêneo, desconjuntado e sujeito a contingências esse está". O que, por fim, sustenta o autor, "nos traz a uma terceira hipótese, que diz respeito às organizações políticas. Pois as três categorias escolhidas por Paraná para balizar o panorama das correntes da esquerda atual – a análise ideológica, epistemológica e política – tocam todas, ainda que indiretamente, numa quarta categoria, a de 'sujeito'". Ao que complementa: "uma terceira hipótese seria, portanto, de que, por trás do problema epistemológico de reduzir o esquema causal das formações sociais a uma só esfera da vida, talvez encontremos nosso desejo de deslocar para os outros a causa de um sofrimento que, afinal de contas, fomos nós que inventamos" – sofrimento este vinculado ao modo de cada fração da esquerda em lidar com a tensão entre formas de "reprodução social" e formas de "transformação social".

Depois de desenvolver tais hipóteses, Tupinambá encerra sugerindo que a tarefa a ser perseguida reside, então, em uma disputa pelo "controle dos meios de produção de problemas", de modo que, ao invés de pautarmos nossa ação pela busca de sínteses ou resolução final de contradições, apostemos em um deslocamento que nos possibilite, distintamente, atuarmos nós mesmos na produção de novos problemas e contradições; "menos a criação de um novo sujeito político, mas a criação de um novo jeito de escutar esse sujeito" – a ser, algo que se traduza em uma mudança na forma como as organizações e coletivos se orientam em relação às contradições da própria esquerda. Desse modo, o "comunismo" apareceria ironicamente como "um nome que vai ganhar realidade histórica primeiro como um método de tratamento das contradições 'não-antagônicas' dentro da esquerda, antes de se constituir como uma estratégia de transformação da realidade social como um todo". Caminho este que o autor, no encerramento de sua intervenção, caracteriza como uma mudança de gênero narrativo (da tragédia à comédia), uma vez que "conseguir o que a gente deseja, mas não o que a gente quer, é a própria forma da comédia".

A esquerda e o poder

Ao longo deste texto me concentrarei especialmente nesta sua última proposição-conclusão, mas seguindo a ordem do próprio comentário, começo pelos problemas da tipologia das esquerdas por mim incialmente apresentada.

Cabe observar que o autor é feliz quando vincula os três tipos de esquerda às dimensões do Estado, do Capital e da Cultura. Trata-se de um passo que vai na direção de tratar um problema que, por razões de economia do texto, fica em aberto em meu primeiro escrito, a ser: a relação desse diagnóstico sobre as esquerdas com uma análise global e complexa da sociedade capitalista em que ela própria habita e realiza suas ações. Há aqui, sabemos, um problema epistemológico clássico, de observação: a esquerda que reflete sobre uma sociedade da qual ela própria é parte e produto, em uma análise que, para complicar, está supostamente orientada pela necessidade de transformar (radicalmente) essa mesma sociedade. Novamente, não temos condições para resolver de todo, aqui, esse problema. Mas, sabendo de sua existência, é possível intuir a enorme importância do passo analítico que Tupinambá nos convida a dar. Tratarei disso mais a frente.

Ainda que em momento algum eu tenha negado essa possibilidade, e tenha ademais mencionado de passagem essa inter-relação, o autor diagnostica corretamente que "falta no mapeamento proposto por Paraná uma análise da interação entre essas diferentes esquerdas". O transcorrer de seu comentário sem dúvida complementa essa falta, e tão melhor o faz quando relaciona as três esquerdas ao complexo Estado-Capital-Cultura – um sistema tal em que as partes, existindo em sua autonomia relativa e irredutibilidade às demais, compõem um todo complexo, inter-relacionado.

Este passo, que assumo integralmente, carrega, ademais, a virtude de limpar o campo de uma possível confusão conceitual proveniente da minha divisão inicial das esquerdas em "tipos": a de que o método de aproximação que utilizei remete à Max Weber. Ainda que, em certo momento, eu tenha perguntado também ao leitor sobre o estatuto conceitual desses tipos (seriam eles "ideais"?), penso que não é disso que se trata aqui. Fala-se, distintamente, de uma estrutura relacional de três polos ou centros de gravitação (forças políticas, que organizam um "campo" de disputas) realmente existentes na "prática cotidiana das esquerdas nos espaços de luta política em que habita" – e a partir desta concebida. E a crítica endereçada ao texto novamente acerta em cheio quando, se utilizando da mesma analogia, problematiza a relatividade das forças de atração que operam nestes polos e entre eles.

Caberia, inclusive, darmos um passo além no argumento de Tupinambá a respeito da inter-relação problemática entre as três esquerdas e sua identificação às esferas do Estado, Capital e Cultura. Isso porque sabemos, por exemplo, que a despeito de buscar no Estado uma forma de controlar o capital, a esquerda parlamentar se alia tática ou estrategicamente a setores do próprio capital e, não raro, mobiliza uma narrativa de nação ao fazê-lo. Vale também para parte considerável da esquerda tradicional, que, a despeito do antagonismo ao capital e da desconfiança em relação ao Estado, em geral continua participando efusivamente do jogo democrático-institucional seja para "disputar consciências", seja para sobreviver materialmente. Por fim, e não chega a surpreender, sabemos que, a despeito da negação da "política tradicional", é fundamentalmente ao núcleo duro do Estado jurídico que os mais diversos setores da esquerda fragmentária clamam por representatividade, reconhecimento, proteção, políticas de visibilidade. E poderíamos seguir cavando ainda mais fundo neste buraco da inter-relação complexa e multicausal das diferentes esquerdas face às distintas esferas sociais.

Mas se até aqui a homologia apresentada por Tupinambá caminha para um desenvolvimento sintonizado à minha categorização inicial das três esquerdas, na medida em que a leva para mais além sem dela se desgarrar plenamente, o autor termina por concluir, como já se disse, que "a divisão da esquerda em três grandes correntes poderia ser entendida como um passo errado, mas na direção certa". Ao fazê-lo, no entanto, a conta parece não fechar.

Isso porque, como na tríade Estado-Capital-Cultura, a adequada divisão das esquerdas em três (simplificadamente: parlamentar, tradicional, fragmentária) não precisa, para existir, negar suas relações de complementariedade e interdependência. Antes o contrário, a divisão nos ajuda, como o próprio comentador aponta, a buscar um entendimento mais complexo e multifacetado das relações que compõem esse todo. Mais do que esclarecer, a "hipótese" em questão faz confundir o problema da epistemologia da complexidade com o da organização concreta das esquerdas em três níveis ou tipos distintos – como se, devido a isso, a esquerda tivesse de ser composta apenas de três tipos "puros" de organizações.

Argumentando que precisamos aprender a pensar cada organização como uma imbricação desses três registros, volto a sustentar, então, minha posição: essas três esquerdas existem materialmente no mundo da prática política, mas, naturalmente, suas relações concretas são mais complexas e intricadas do que uma primeira categorização faz parecer. Isso porque envolve também outros aspectos que não foram e não serão aqui tratados. A tipologia, no entanto, segue sendo, defendo, instrumento de uma necessária organização cognitiva para a apresentação do problema em questão.

Em meio a tal defesa da tipologia que sustenta meu primeiro texto, cabe conceder, no entanto, sobre a precariedade de minha sugestão final, otimista, quiçá ingênua, de que descartemos os vícios para retermos as virtudes de cada uma dessas correntes. Ainda que me pareça um bom ponto de partida para a reflexão, não há aqui, de minha parte, nenhum apego a esta sugestão provisória. Em minha defesa cabe lembrar que apontei expressamente no texto se tratar apenas de um início precário, e ainda especulativo, para o nosso processo (um tanto caótico) de busca por soluções.

Superado este tópico, e assumida a integração problemática das três esquerdas, chegamos finalmente ao que parece ser uma discordância mais importante. Toda a análise de Tupinambá culmina, como se disse, na ideia que devemos conquistar o "controle dos meios de produção de [nossos] problemas". Sem negar essa fecunda saída, é preciso apontar que um processo social e político de tal monta, não pode ser produto apenas de um "cômico" desenrolar de contradições finalmente assumidas como nossas. Defendo que esse reposicionamento exige também um enorme acúmulo de força social. E aqui aparece uma palavra estranhamente ausente neste debate: poder[12].

Novamente, penso que o problema não pode se manter restrito ao idílico mundo de nossa própria comédia das esquerdas. Tratando o que há de mais denso e complexo em questão – o poder, precisaremos dar um passo a mais, caminhando para além deste "gênero". Para retomar Plauto, não há como caracterizarmos impunemente como comédia uma peça que inclui esferas ou personagens tão distintos quanto "reis e deuses" e "escravos" (aqui, o povo, as esquerdas, a luta de classes, etc.). Daí que a análise não possa ficar presa à comédia da esquerda: terá de chegar a tragicomédia do (problema do) poder.

(Re)organizando-nos em meio ao combate

Assumindo a proposição de Tupinambá de que i) precisamos nos livrar da obsessão em negar ou não reconhecer nossa (da esquerda) própria realidade contraditória para, assim, ii) pas-

---

12 Conforme pertinente advertência do velho Marx: "a experiência do período de 1848 a 1864 provou fora de qualquer dúvida que o trabalho cooperativo – por mais excelente que em princípio [seja] e por mais útil que na prática [seja] –, se mantido no círculo estreito dos esforços casuais de operários privados, nunca será capaz de parar o crescimento em progressão geométrica do monopólio, de libertar as massas, nem sequer de aliviar perceptivelmente a carga das suas misérias.[...] Para salvar as massas industriosas, o trabalho cooperativo deveria ser desenvolvido a dimensões nacionais e, consequentemente, ser alimentado por meios nacionais. Contudo, os senhores da terra e os senhores do capital sempre usarão os seus privilégios políticos para defesa e perpetuação dos seus monopólios econômicos. Muito longe de promover, continuarão a colocar todo o impedimento possível no caminho da emancipação do trabalho. [...] Conquistar poder político tornou-se, portanto, o grande dever das classes operárias". Marx, Karl. Mensagem inaugural da Associação Internacional dos Trabalhadores. In: Musto, Marcello (org.) *Trabalhadores, uni-vos!: antologia política da I Internacional*. São Paulo, Boitempo, 2014, p. 98.

sarmos a dirigir por nós mesmos a produção de novas contradições, fica a dúvida de como isso pode ser obtido: se por meio de uma mudança de consciência-comportamento, se por meio de uma nova postura teórica, ou se a partir de um tal acúmulo de força social que nos abra acesso ao poder material para fazê-lo.

Poderíamos argumentar, sem prejuízo de sua proposição, que as três ações são necessárias. Mas se for este o caso, segue curiosa a ausência até aqui de questões sobre o poder, a luta de classes, e o acúmulo de forças no interior de nossa discussão sobre a situação das esquerdas (o que nos levaria, ao fim, para a esfera da ação tática e estratégica, à arte da política como guerra – ou da guerra como política).

É precisamente este aspecto – diante do qual a condição trágica, mais do que cômica, do fracasso das esquerdas ainda se mantém – que passo a desenvolver. Algo que me permitirá, por fim, sustentar que se assumirmos a mudança de narrativa do trágico ao cômico, proposta por Tupinambá, só podemos fazê-lo chegando ao tragicômico. Veremos, ademais, que considerado o acúmulo de força social como o objetivo em tela, não estamos diante de um problema (da unidade das esquerdas) "resolvido", como nos é sugerido, antes o contrário. Explico.

Aprendemos, na esquerda, que, a despeito de várias nuances, a história se faz por meio de descontinuidades e rupturas. Mas sabemos igualmente que estas não existem como tais senão no enquadramento de continuidades, inseridas que estão em longas durações. O que nos leva, então, a pensar a mudança social como algo situado na constante tensão entre permanências e impermanências (e aqui cabe resgatarmos o par "reprodução/transformação" social, introduzido pelo comentador para posicionar a tensão central da esquerda nesses termos). Uma revolução, qualquer que seja, não instaura, em um golpe de ocasião ou decreto, uma nova sociedade. As inúmeras estruturas do passado seguem produzindo seus efeitos no presente, oprimindo "como um pesadelo o cérebro dos vivos".

Daí a dimensão trágica desta nossa jornada: o dia seguinte da mudança social nunca é como planejamos ou imaginamos ser. É algo, em certa medida, sempre incontrolável, cheio de surpresas – muitas delas aterrorizantes. Fracassamos, assim, mesmo quando bem-sucedidos (e não usei, em meu primeiro texto, outra definição de tragédia que não esta). A trajetória sinuosa da mudança social nos coloca, então, diante do fato de que uma revolução ou uma grande transformação não é o fim, mas um novo começo para a mesma jornada. Se este é o caso, a proposição de Tupinambá encontra seu lugar. Mas isso só é válido diante do fato de que nenhum desses deslocamentos da ideologia e da luta social para outros estágios ao longo da história podem ser realizados sem um acúmulo de forças, no interior de uma luta social e política concreta, sem algum tipo de administração trágica de nossa relação para com a monstruosidade do poder.

Em meio a este enquadramento da questão, podemos nos direcionar, então, à tematização do que significa efetivamente acumular força social. Trata-se aqui da capacidade da esquerda, a despeito de sua heterogeneidade, de movimentar todo o espectro social e político para uma certa direção, deslocando ou reinstaurando o campo de combate, os conflitos e as contradições sociais em outro patamar – ou, como quer Tupinambá, "criando novos problemas e contradições", algo para o qual se faz necessário poder material.

Diante deste objetivo, e dado que muito indica não estarmos atualmente em um período de acúmulo de forças, a atual unidade das esquerdas está longe de representar uma resolução para o problema aqui colocado (e claro, novamente, isso dependerá aqui do que definimos como "resolver" o problema). O fato é que o trânsito interno entre as esquerdas, mencionado pelo autor, não tem se traduzido em força social e política, ao contrário. O problema, então, distintamente do que argumenta Tupinambá, ainda está por ser resolvido. Dito de outra forma, cabe passarmos aqui dos meios aos fins. Ou seja, se o fim em questão for centralmente a unidade das esquerdas, podemos concordar com Tupinambá de que o problema já está de fato resolvido. Mas se, distintamente, a unidade das esquerdas for vista apenas como um meio, mais um dentre outros, para o acúmulo de força social, então ainda que "alguma" unidade entre as esquerdas seja de fato verificável, esta não atinge sua finalidade e, assim, não passa no crivo de uma real solução para o problema.

Talvez não estejamos no estágio em que a bem-sucedida resolução deste problema ironicamente se revela já como fracasso, mas quem sabe ainda um passo atrás – em uma espécie de travamento operacional, sem horizonte, e sem visão de futuro, presos à administração resignada do presente e à celebração ansiosa de nós mesmos.

O problema fundamental, então, não é apenas ou centralmente a questão da migração entre as diferentes esquerdas, mas para fora dela – algo que reforça o processo de erosão mais ampla de sua força e capacidade de adesão social; de sua possibilidade de apresentar e construir algo passível de crédito por parte dos demais integrantes da sociedade, aqueles ainda não aprisionados nesse nosso (curto) circuito. Posto de outro modo: o problema da fragmentação das esquerdas só é um problema se vinculado a nossa incapacidade para acumular poder social. Não fosse isso e este sequer seria um problema (político) relevante. Ocorre que, na prática, em toda a sua heterogeneidade, e ainda que por razões distintas, as esquerdas têm fracassado retumbantemente em sua disputa geral da sociedade. Mapear as razões que tem nos mantido nesse estado sustentado de derrota política torna-se uma tarefa da mais alta importância.

Muitos esforços importantes têm sido realizados neste sentido. Análises críticas das transformações na estrutura social e econômica, das reconfigurações políticas, das transformações culturais das últimas décadas, todas tem caminhado, com bastante sofisticação, nesta direção. Nos unindo a estas, caberia aqui, e certamente Tupinambá concordará, pensarmos as esquerdas a partir das transformações na sociedade capitalista e, em via oposta, as transformações do capitalismo a partir também dos desenvolvimentos das lutas sociais e, assim, da atual situação das esquerdas. Ainda que sejamos bem-sucedidos nesse hercúleo exercício de investigação político-intelectual, caberá, a partir daí, concebermos novas formas de organização política conectadas a seu tempo e, desse modo, a articulação de uma ação consequente (programática e pragmática) com os objetivos políticos estratégicos em questão. Já que o desenrolar de uma comédia na presença dos mais sublimes personagens configura algo talvez mais trágico do que a própria tragédia, aceitar que essa é uma tarefa trágica, ou melhor dizendo, tragicômica, é fundamental.

Mas se a "solução" para o problema da fragmentação da esquerda já está dada, como nos diz Tupinambá, o que isso significa em termos dos objetivos acima desenhados? Ou seja, podemos aceitar aquela sua proposta de encaminhamento final para a questão, mas apenas se a produção desses "novos problemas e contradições" de que se fala for direcionada por alguma força, e para alguma direção, já que não parece crível conceber que um acúmulo de forças dessa monta, mesmo no interior desta tragicomédia, se dê por acidente. Tudo somado, podemos até conseguir o que desejamos ao invés daquilo que queremos, mas permanecerá o desafio de nossa relação trágica com o poder. Como equacioná-la?

Encontrando uma direção

Para onde ir, então? Ao fim e ao cabo, voltar a esta pergunta (sem resposta) pareceria a pior e mais decepcionante forma de finalizar essa reflexão. Ocorre que, nomeada ou não, como uma ausência eloquentemente presente, é esta que vem dirigindo nosso debate até aqui. Tenhamos a coragem, pois, para olhar dentro dos olhos da besta.

Deslocada face à reconfiguração estrutural no mundo da produção, do trabalho e das sociabilidades, enfraquecida diante do avanço neoliberalizante e da transformação do Estado, desorientada politicamente em meio à queda do muro e à globalização, a esquerda, nos três tipos aqui discutidos, deixou de ser perigosa. No caso das esquerdas parlamentar e tradicional, se está refém de um passado que não voltará. E quando não é este o caso também para a esquerda fragmentária, sua visão de futuro oscila entre o desespero e a crença ingênua. A realidade é que perdemos nossa bússola política, um horizonte político emancipatório mais ou menos compartilhado, mínimo que seja, em torno do qual nos conectamos e disputamos (também entre nós) a sociedade.

Obtido esse diagnóstico, como conceber, então, uma força política capaz de suportar a realidade tragicômica de nossa relação com o poder, e ainda assim puxar com radicalidade as cordas da transformação social? Como pensá-la dentro e fora de sua composição social, num processo que é também de meta-transformação (esquerdas que mudam com a mudança social)? Aí reside um desafio importante, e algo que nos traz de volta àquela necessidade de pensarmos a esquerda no interior do exercício de pensar a própria sociedade.

Afinar nossos diagnósticos, leituras, nossa "análise concreta" sobre a realidade social e econômica do capitalismo presente certamente é uma necessidade, ainda que não autossuficiente. Junto a isso, será necessário, experimentarmos, conspirarmos, concebermos, organizarmos novas formas, mecanismos e instrumentos político-organizativos para o acúmulo de força social. O problema do conhecimento da realidade se encontra, então, como quer o comentador, ao problema da organização política – mas uma organização diretamente comprometida com seu papel na dinâmica de luta pelo poder social.

Quer dizer, a esquerda atual é o que é não apenas porque responde a problemas e restrições reais mais ou menos conhecidas, mas porque o faz de determinadas formas e não de outras (igualmente possíveis) – algo que volta a jogar em nosso colo o problema da organização política (suas formas, tipos e modelos). Mas essa combinação de problemas, ou de produção combinada de novos problemas e contradições, só fará sentido se formos capazes de calibrar de alguma forma a bússola que utilizaremos nesta jornada, se conseguirmos produzir um horizonte político compreensível para ação emancipatória, conectado às necessidades e condições do presente.

Assim armados, a disputa e construção de um novo senso comum emancipatório deverá ser traduzida nos termos da luta política corrente, na articulação de objetivos e tarefas táticas e estratégicas para que nossa virtude na ação tenha a possibilidade de encontrar as janelas de fortuna que o movimento de contradições sociais possibilita. Construir um programa político crível e internamente coerente que combine ações de combate *dentro do* capitalismo e *face ao* capitalismo se conforma, em meio a isso, como um empreendimento necessário. É muito a ser feito, claro – mesmo que, novamente, isso ainda seja apenas mais outra forma precária e especulativa, de continuar alimentando o fogo deste nosso urgente debate.

Nos resta pouco para além dessas linhas gerais, é certo. Alguma garantia de que vão funcionar, de que, ao fim, a "história estará do nosso lado"? Talvez a mais relevante conclusão nesta tragicômica troca de ideias seja justamente o fato de que faz pouco ou nenhum sentido apostarmos nisso. Do outro lado, a história nos espera apenas com o imprevisível.

4. A força social da graça, ou: como se avalia o poder popular?

Gabriel Tupinambá

> *"Sósia: Eu mesmo não acreditei nisso facilmente: pensei estar perdendo a cabeça quando eu me descobri dois e, por um tempo, tratei o outro eu como um impostor; mas ele me compeliu a reconhecer que era eu. Então eu vi que era eu, sem truque nenhum: da cabeça aos pés ele era bonitão como eu, com um ar nobre, forte, charmoso; nem duas ervilhas conseguem ser mais parecidas; se a mão dele não fosse tão pesada, teria ficado tudo bem por mim.*
> *[...]*
> *Amphitryon: Você apanhou?*
> *Sósia: Sim*
> *Amphitryon: E de quem?*
> *Sósia: De mim.*
> *Amphitryon: Você apanhou de você mesmo?*
> *Sósia: Sim: não de mim, mas do eu que estava na casa, e que bate com força."*
>
> (Molière, O Anfitrião, Ato II)

Em meu comentário ao texto de abertura, sugeri que deveríamos mudar o gênero dramático do debate: ao invés de pensarmos a tragédia de uma esquerda desunida perante seus enormes desafios, argumentei que talvez fosse mais produtivo entender nosso predicamento do ponto de vista da comédia de uma esquerda que está paradoxalmente unida nessa lamentação comum. Em sua generosa tréplica, Paraná reconheceu a necessidade de expandir a análise das diferentes formas de existência da esquerda para incluir aí também a dinâmica através da qual cada parte se "alimenta" dos limites das demais e buscou reinserir essa elaboração num panorama mais amplo – o problema do poder – à luz do qual esse aspecto "cômico" da dinâmica da esquerda qualificaria uma das faces do drama "tragicômico" em que nos encontramos.

No entanto, apesar de concordar com o autor que a nossa situação política é desesperadora, gostaria de usar a oportunidade de responder às críticas de Paraná para insistir um pouco mais nos efeitos dessa mudança de perspectiva dramática que propus em meu comentário anterior, retificando alguns pontos que ficaram confusos e expandindo minha crítica da visão trágica do nosso predicamento para incluir aí também o problema do poder.

De que serve "uma pitada de tragédia" na análise de conjuntura?

Não é meu intuito – como sei que também não é o de Edemilson – perder tempo com uma discussão acadêmica sobre qual o tipo de drama que melhor caracterizaria os tempos atuais. Acontece que o debate sobre as diferentes formas de narrar a ação dramática esbarra, por diversos motivos, na questão da ação política. Os gêneros dramáticos nos oferecem diferentes maneiras de enquadrar o horizonte da ação transformadora, de pensar a relação entre quem atua e as consequências de seus atos. É por conta dessa articulação entre drama e ação que me sinto justificado em, mais uma vez, elaborar a referência original ao drama trágico, para extrair daí alguns elementos sobre a orientação mais geral desta resposta, em que pretendo defender que é preciso levar a comédia da esquerda mais a sério, principalmente se quisermos pensar a organização política do ponto de vista estratégico.

Paraná começou o capítulo anterior com uma epígrafe retirada da peça *Anfitrião*, de Plauto, que justificaria esse novo passo na metáfora do drama. Trata-se de um fragmento do prólogo, em que o deus Mercúrio conta que está ali a mando de Júpiter, que por sua vez arquitetou um plano para deitar-se com a esposa de Amphitryon, um general tebano. Como Alcmena, a esposa, está muito apaixonada por seu marido, a única maneira de Júpiter seduzi-la é tomando a forma de seu amado. Para isso, Júpiter recruta a ajuda de Mercúrio, que tomará o lugar de Sósia, escravo de Amphitryon, e guardará a porta da casa de Alcmena enquanto Júpiter estiver lá dentro na ausência do verdadeiro marido. Relatando o plano de seu pai Júpiter, Mercúrio revela então que narrará "uma comédia com uma pitada de trágico" pois não acha "que seja justo fazer uma comédia de fio a pavio, quando nela intervêm reis e deuses [...] já que há nela, também, um papel de escravo" – o de Sósia. Decide-se então por narrar uma "tragicomédia".

Paraná interpreta essa prudência estilística de Mercúrio, citada em sua epígrafe, como um lembrete de que precisamos situar toda a análise da esquerda à luz de nosso objetivo principal, a transformação social. Nosso objetivo é o "acúmulo de força social" em vistas de uma transformação radical da sociedade e é do ponto de vista desse grande desafio que devemos avaliar a situação da esquerda brasileira e mundial. Ele escreve:

> "para retomar Plauto, não há como caracterizarmos impunemente como comédia uma peça que inclui esferas ou personagens tão distintos quanto 'reis e deuses' e 'escravos' (aqui, o povo, as esquerdas, a luta de classes, etc.). Daí que a análise não possa ficar presa à comédia da esquerda: terá de chegar a tragicomédia do (problema do) poder. [...] Veremos, ademais, que considerado o acúmulo de força social como o objetivo em tela, não estamos diante de um problema (da unidade das esquerdas) 'resolvido', como nos é sugerido, antes o contrário."

O efeito de "retificação" do debate que o texto de Paraná propõe depende, me parece, de como interpretamos a ressalva de Mercúrio em narrar uma comédia quando a estória mistura deuses e escravos. O curioso é que *O Anfitrião* não é apenas um drama em que "figurões" e "meros mortais" se encontram, mas, antes, uma peça em que os deuses e os escravos se confundem a ponto de se identificar. A preocupação do narrador do prólogo com o modo como vai narrar a ação subsequente não decorre do fato de que deuses e humanos competem pelo amor de uma mulher, mas, antes, do fato de que Mercúrio – não por acaso o deus do comércio – *vai se passar* por Sósia, um escravo. O gênero da "tragicomédia" é inventado – e a citação de Plauto é a primeira que conhecemos desse termo – para *preservar* a diferença entre os deuses e os escravos: a graça da peça vem da suspensão de qualquer traço distintivo entre o que é colocado acima e abaixo dos homens e é contra os efeitos dessa indistinção – que poderia nos levar a sem querer rir dos deuses! – que a tragédia é reintroduzida por Plauto.

E é justamente por dramatizar nosso predicamento sem oferecer à esquerda o privilégio de um sofrimento diferenciado, que atestaria a nossa conexão com um mundo divino mesmo em nossos fracassos, que eu estou insistindo na importância da comédia como uma forma narrativa para a ação política. Foi por isso que, em meu primeiro comentário à proposta de Paraná, enalteci o potencial de uma investigação que aplique à compreensão da esquerda as mesmas categorias que aplicamos ao resto da sociedade – ou seja, justamente uma perspectiva que se permita apagar qualquer traço distintivo a priori entre a esquerda e mundo. A proposta de referenciar os diferentes modelos ideológicos, epistemológicos e políticos da esquerda nas diferentes lógicas de determinação social imbricadas numa formação social – Capital, Estado e Cultura – é apenas um desenvolvimento desse mesmo princípio. Assim como a sugestão de avaliarmos algumas das formas de interação entre esses modelos, correlacionando a estabilidade desse "sistema complexo" com a estabilidade do complexo social em geral. Em comparação com a justificativa de Plauto para o tragicômico, me parece evidente que esse modelo de análise de conjuntura seria cômico "de fio a pavio".

Quem vê a gente até acha graça...

Em sua tréplica, Paraná fez algumas críticas a minha proposta, principalmente a minha formulação mais polêmica, a saber, de que a esquerda não pode resolver o problema de sua unidade porque, na verdade, ela já está unida: por baixo das tensões entre a esquerda "parlamentar", "tradicional" e "fragmentária" defendi que existe uma interdependência constitutiva, de modo que cada uma dessas diferentes dimensões só se apresenta como um "atrator social" autônomo, com sua própria ideologia e forma de organização, por se orientar pelas limitações das demais. Ou seja, ao mesmo tempo em que fracassamos em atingir a unidade *ide-*

alizada entre cada um desses polos, uma unidade *real* – mas um tanto desajeitada e ineficiente – se sustentaria à nossa revelia.

Vou deixar de lado algumas das precisões feitas pelo autor ao modelo de interconexão das esquerdas que propus – pois concordo prontamente com seus apontamentos – e vou focar na questão do poder e da organização. Como mencionei acima, Paraná defende que é difícil sustentar que a esquerda "já resolveu" o problema de sua organização quando consideramos qual é a finalidade dessa unidade, que é o "acúmulo de força social" para efetuar uma transformação social de amplo espectro. Ou seja, estaríamos tratando como "fim" em si mesmo algo que é, na verdade, um "meio" de tomada de poder, e é só por conta dessa confusão que poderíamos tratar a coisa toda como uma comédia e nos permitir chamar essa situação terrível de uma "solução".

No entanto, me parece que, ao expandir o debate para incluir aí a dimensão estratégica, o comentário crítico de Edemilson nos convida a retomar o modelo de análise anterior – com seu matiz trágico – e a avaliar o valor dessa unidade efetiva a partir de uma nova idealização. Isto é, avaliar o acúmulo de força social da luta emancipatória por sua capacidade de "movimentar todo o espectro social e político para uma certa direção, deslocando ou reinstaurando o campo de combate, os conflitos e as contradições sociais em outro patamar". Concordo plenamente com Paraná quando ele sugere que devemos avaliar a situação concreta a partir do problema da força social capaz de ser mobilizada rumo a um dado objetivo estratégico. O que me parece problemático é fazer essa avaliação, mais uma vez, a partir de um "mais além" da própria esquerda. Caberia aqui, em vez disso, seguir a intuição original do próprio Edemilson e investigar *de que forma o poder já existe hoje na esquerda*. Que tipo de relação com a "monstruosidade do poder" é dramatizada dentro das esquerdas hoje? Como as esquerdas governam a si mesmas em seus diferentes veículos midiáticos, instrumentos políticos, projetos sociais, no trato com o dinheiro, com o tempo e o trabalho das pessoas? Comparada às empresas, ao Estado, ao tráfico, às congregações religiosas – que sempre soubemos analisar a partir da tangibilidade do poder e de suas estruturas organizacionais – como nós nos saímos?

Da maneira como Paraná apresentou a questão, haveria hoje uma esquerda desorientada, desconectada de si mesma e da sociedade, e, portanto, tragicamente impotente e incapaz de efetuar transformações estratégicas no mundo. Ou como ele coloca: estaríamos enfrentando "uma espécie de travamento operacional, sem horizonte, e sem visão de futuro, presos à administração resignada do presente e à celebração ansiosa de nós mesmos". Mas da perspectiva que estou defendendo, o mesmo problema se coloca de outra forma: trata-se antes de uma esquerda cuja organização é tão perfeitamente compatível com o mundo que vivemos que está à vista de todos que não há nada ali que convoque ou demande alguma "adesão" especial. Enquanto nós nos enxergamos do ponto de vista trágico, aparecendo para nós mesmos como Antígona na luta contra o destino, enterrados vivos com a cabeça cheia de ideais, para qualquer outra pessoa não há aí tragédia nenhuma, mas antes um circo que dedica suas forças "realmente existentes" à preservação de um índice de distinção social e à manutenção de uma certa dinâmica de poder bastante tangível e que simplesmente não carrega nenhuma grande novidade. Nós somos antes como o pobre do Sósia, que pena para convencer os outros de que serve à honra de Tebas e não à malandragem dos deuses.

Mas seria mesmo possível afirmar que a esquerda já tem algum poder hoje? Certamente não, ou muito pouco, se partirmos daquilo que a esquerda almeja: em comparação com nossos ideais de transformação, destaca-se mesmo nossa pequenez, impotência, etc. Mas de um ponto de vista menos comprometido com esse horizonte ideal, a resposta não é tão simples assim, pois é evidente que, por mais diversos que sejam os partidos, movimentos, coletivos, pautas, representantes parlamentares, líderes comunitários, jornais e discursos, o fato é que, quando observados enquanto um grupo social qualquer, nós certamente temos um poder de ação desproporcional ao tamanho de nosso contingente – isto é, não aparecemos para os outros como uma fração da sociedade absolutamente sem meios econômicos, ideológicos e/ou políticos distintivos. É uma situação paradoxal: se assumimos os ideais de esquerda, então vamos acabar concluindo que "não existe esquerda", pois do ponto de vista desses ideais a dispersão e desorientação das correntes de esquerda atuais é aterradora, mas se suspendemos em nossa análise esse compromisso com a transformação social por vir a partir de um campo organizado e unido, então emerge uma outra esquerda, distinta da que imaginamos para nós mesmos, mas talvez com um pouco mais de condição de intervir na realidade.

Assim, para piorar a polêmica, além de sugerir que o pior obstáculo no caminho de uma organização mais eficaz da esquerda é o fato de que, a despeito do que dizemos, nós já estamos organizados, estou propondo também que, talvez, nossa visão do que significa "disputar a sociedade" esteja igualmente distorcida, e pelas mesmas razões. É o que estamos fazendo enquanto discutimos o que fazer que não convence muito os outros – e não porque não representa um projeto de futuro interessante, mas porque o nosso trato atual com o poder dentro da esquerda é um índice bem mais convincente do que é que faríamos caso mais pessoas aderissem ao nosso campo político. A esquerda não está diante do poder: está sentada em cima dele.

Vale notar que essa mudança de perspectiva na verdade nos dá mais recursos para lidar com as duas perguntas fundamentais de Paraná:

> "como conceber, então, uma força política capaz de suportar a realidade tragicômica de nossa relação com o poder, e ainda assim puxar com radicalidade as cordas da transformação social? Como pensá-la dentro e fora de sua composição social, num processo que é também um processo de meta-transformação (as esquerdas mudam com a mudança social)?"

Parece-me que a junção dessas duas questões leva diretamente a minha proposta: dado que a esquerda quer mudar a sociedade à qual pertence, então o melhor índice de seu acúmulo de força é sua capacidade de mudar aquilo que, na própria esquerda, marca sua inserção social. Como mencionei em minha primeira intervenção, trata-se de uma proposta que não é apenas mais rigorosa teoricamente – experimentando em condições artificiais aquilo que quer em seguida difundir – mas é também, talvez contraintuitivamente, uma proposta mais realista do ponto de vista da disputa política e da reorganização estratégica. Vou agora focar nesse segundo aspecto.

A crítica da economia política... da militância

A questão realmente espinhosa do capítulo anterior é o problema da direção – e por consequência, da "bússola" da esquerda e do futuro. Uma coisa, afinal, é defender, mesmo a contragosto, que há uma unidade de esquerda e que a esquerda não convence hoje muita gente por causa do que faz com o (pouco) poder que já tem, outra bem diferente é discutir o que se faz a partir de um predicamento desses.

As críticas de Paraná tocam quase sempre nesse ponto: meu argumento de que os problemas atuais da esquerda têm a forma de uma solução – queremos unidade na diferença, mas é isso o que somos, debatemos como vamos governar os outros, enquanto governamos a nós mesmos, etc. – periga fechar por completo nosso horizonte estratégico e tático. Se nós realmente somos divididos entre o que achamos que queremos e o que efetivamente fazemos, como poderíamos dirigir um processo de transformação social? Uma proposta analítica que visa reformular nossas próprias contradições seria útil "apenas se a produção desses 'novos problemas e contradições' de que se fala for direcionada por alguma força, e para alguma direção, já que não parece crível conceber que um acúmulo de forças dessa monta, mesmo no interior desta tragicomédia, se dê por acidente".

Em minha réplica, concluí meus comentários apresentando uma hipótese – que até me surpreendeu não ter causado mais polêmica com meu amigo... – a respeito da "loucura" da esquerda. O que eu defendi é que talvez a razão pela qual a organização atual da esquerda sirva como um ponto de equilíbrio desse sistema complexo é que essa forma de estruturar as lutas em diferentes registros de determinação social permite que os diferentes extratos da militância desloquem "para os outros a causa de um sofrimento que, afinal de contas, fomos nós que inventamos". Em suma, não precisamos nos responsabilizar por um que é na verdade efeito da própria militância, deslocando sua origem para "o sistema capitalista" ou para as práticas das outras esquerdas, que consideramos "bitoladas" ou "degeneradas". Uma esquerda que se articula de maneira negativa, com cada corrente – parlamentar, revolucionária ou fragmentária – entendendo a si mesma como uma agência de transformação social que é atrapalhada pelo pacto silencioso que as outras frentes de luta têm com a reprodução do mundo capitalista, é uma estrutura que ao mesmo tempo *admite* e *ignora* a divisão subjetiva do militante. Ou seja, dentro desse modo de articulação entre as esquerdas, todo militante tem direito de entender a si mesmo como alguém absolutamente determinado pela luta contra o capitalismo ao mesmo tempo em que admitimos que os outros militantes são pelo menos parcialmente determinados pelos constrangimentos sociais e as formas de reprodução social capitalistas.

A partir dessa hipótese, concluí que é preciso reconhecer que, a despeito da miragem produzida por essa forma particular de interdependência, na verdade essa contradição subjetiva essencial do sujeito político *divide cada um de nós*. Não existe, de um lado, o militante honrado e, do outro, a personificação do deus do comércio: cada um de nós é um duplo de si mesmo, determinado ao mesmo tempo nesses dois registros, sem meios estáveis de distingui-los. Mas qual a importância dessa teoria do sujeito para o problema da direção política? Bem, para começo de conversa, essa teoria colapsa a diferença entre dirigentes e dirigidos, pelo menos nos termos em que costumamos pensar o problema.

O famoso enigma de "por que eles não se juntam a nós?" se esclarece bruscamente quando abordado por essa perspectiva. Quando um militante distribui panfletos na saída do metrô na hora do "rush": por que eles não se juntam a nós, nós que dizemos coisas tão importantes em nosso material de propaganda? Do ponto de vista que propomos aqui, pensando o militante tanto como ator de transformação quanto de reprodução social, a resposta é clara: porque só quem tem tempo livre, recursos financeiros ou pelo menos uma satisfação na renúncia de seu próprio tempo e dinheiro poderia estar voluntariamente distribuindo panfletos na entrada do metrô, ao invés de subindo as escadas apressadamente como todo mundo. Ao mesmo tempo em que o panfleto enuncia uma igualdade, sua posição de enunciação é sustentada por uma diferença – tão mais notável quanto mais o militante parece ignorá-la. Quando tomamos as ruas num protesto: por que eles não se juntam a nós, nós que estamos dispostos a apanhar da polícia para fazer ouvir nossa indignação política? Porque nós lutamos contra o aumento da passagem sem considerar o preço da passagem até a manifestação, não consideramos o efeito adicional de humilhação que o protesto contra a terceirização pode colocar sobre quem aceita o trabalho em condições já humilhantes, não coordenamos a ação tática para que os corpos dos pretos e pobres não fiquem na linha de frente da polícia – não escutamos que o elogio da "rua" não se opõe apenas ao "escritório", mas também ao "morro". Essa ignorância não é despolitizante porque não "sabe falar com a classe trabalhadora", mas porque fala em alto e bom som que a esquerda atual não sente necessidade de pensar *os meios de reprodução social da militância*. Como argumentei acima, a questão da luta de classes não defronta a esquerda, ela começa dentro da nossa forma de organizar, dividir trabalho, utilizar o tempo dos militantes, no nosso silêncio sobre o dinheiro, sobre a logística, sobre a loucura que é querer complicar ainda mais a vida medindo o valor de cada escolha e conquista à luz de um impossível[13].

---

13 Sobre esse assunto, recomendo a leitura do ensaio *O populismo, a várzea e o bicho* de Maikel da Silveira, publicado na Revista Porto Alegre (2019) assim como o texto *Época de crise, tempo de organização*, de Rafael Oliveira, publicado na Revista Úrsula (2017) – curiosamente, ambos autores encontram recursos conceituais para abordar essa questão recorrendo à história dos Panteras Negras nos Estados Unidos.

Da miséria neurótica à infelicidade comum

Isso nos traz de volta à questão da direção. Não quero entrar em detalhes no debate sobre interpelação e ideologia – ainda que seja uma "isca" que eu adoraria que o Paraná mordesse – mas me parece que chegamos aqui num ponto essencial a respeito da hegemonia e da identificação política. O conceito de "sujeito" foi denunciado por muitos marxistas, o mais importante deles sendo certamente Louis Althusser, pois entendiam a subjetivação como uma operação ideológica que produz uma "relação imaginária" entre os indivíduos concretos e suas condições reais de existência. Em suma, a mesma operação que nos permite olhar para nós mesmos como "sujeitos" consistentes – seres autônomos, autossuficientes, atomizados – também faz desaparecer a tensão entre nós mesmos e as relações de produção capitalistas. No entanto, a definição de subjetividade que estou propondo aqui vai na contramão dessa concepção – pois se trata justamente de reconhecer que o engajamento com as organizações de esquerda *exacerba* a tensão entre o mundo que nos determina e o mundo que queremos determinar, entre o que é preciso fazer para sobreviver no mundo em que vivemos e os critérios pelos quais julgamos o que é uma boa vida.

É importante perceber isso por conta do seguinte: se a gente pensa a militância apenas a partir de suas ambições de transformação social, então não só não temos recursos teóricos para entender nossos próprios impasses, como também transformamos a esquerda num outro "aparelho ideológico", dado que ser subjetivado pela esquerda significa criar uma relação imaginária com a realidade da vida e da sobrevivência no capitalismo – tão mais potente quanto mais reconhece no imaginário, ou seja, no que tange aos outros, aquilo que denega em si mesma. Um aparelho que inclusive tem se mostrado cada vez mais necessário para que certos grupos sociais possam reproduzir as relações de produção capitalistas *sem morrer de vergonha* – asserção polêmica, mas que esclarece como um certo tipo de adesão à esquerda pode ser entendida como uma forma de compatibilizar os sonhos de realização pessoal autorizados pelo ciclo lulista e a dura realidade econômica que acompanhou e solapou essa autorização no campo das expectativas[14]. Ser "de esquerda" muitas vezes permite que novas gerações sobrevivam à dupla humilhação de ter que levar uma vida parecida com a de seus pais ao mesmo tempo em que já não partilham das mesmas estratégias de defesa contra a humilhação social sofrida pelas gerações passadas[15].

É essa dimensão *social* da prática militante que me leva a propor uma concepção mais "cômica" da subjetividade política. Se a esquerda funciona como um aparelho ideológico quando produz a imagem de que a militância resolve, ao invés de piorar, a contradição entre reprodução e transformação social, por outro lado a assunção imediata dessa tensão faz do militante uma prova concreta de que outra relação com a realidade é possível. O que pareceu para o Paraná como uma "rua sem saída" em minha proposta é, nesse sentido, o lugar onde eu acho que o próximo passo precisa ser dado. A assunção explícita de que a militância é, além de tudo, *uma forma de sofrer* – tal como Sósia, sua iden-

---

14 Para uma discussão mais geral da tese – explorada pelo grande filósofo brasileiro Paulo Arantes – de uma "era das expectativas decrescentes", refiro o leitor ao meu texto *Um pensador na periferia da história,* publicado na revista online Porto Alegre. Para uma análise dos dados sobre o processo interrompido de ascensão social no Brasil, veja o estudo da OECD: *Um elevador social quebrado?* disponível online.
15 Outra análise importante de mencionar aqui – uma das poucas a considerar o papel do choque geracional na forma de militância e politização contemporânea – é o texto do Rodrigo Nunes *Geração, Acontecimento, Perspectiva* publicado em 2014 pela revista Nueva Sociedad.

tidade dilacerada, com um pé firmemente preso abaixo e outro acima da humanidade – acarretaria uma inversão no vetor da interpelação: a esquerda não se dissemina socialmente apenas quando seus ideais circulam por aí, mas quando sua *posição de enunciação* se torna cada vez mais comum. E isso não acontece quando os outros passam a assumir a nossa postura, mas quando nossas organizações, sistema de valores e enquadres teóricos são marcados de cabo a rabo pela problemática da reprodução concreta da vida, que é o ponto de inserção da militância no mundo.

Trata-se de uma mudança de perspectiva que desloca nosso foco do "lugar de fala" dos indivíduos para o lugar de enunciação das próprias organizações. Uma organização composta exclusivamente por trabalhadores precarizados pode muito bem "trair" seu lugar de fala caso seu modo de funcionamento dependa de um voluntarismo heroico baseado no sacrifício do tempo livre, assim como uma organização que conta com os recursos financeiros de seus membros pode se posicionar de maneira mais eficaz caso ali seja tematizada a preocupação com a alimentação, transporte, cansaço do dia de trabalho, inibição das pessoas, suas mesquinharias, etc. Fazer as coisas com cuidado é um sinal de que quem está falando não ignora na prática a base material daquilo que enuncia – e isso que é a compaixão: não tanto minha capacidade de padecer pelo sofrimento do outro, mas a incorporação em um modo de sofrer em comum. Por isso, vale a pena enfatizar: ao contrário do que muita gente pensa, sofrer é uma atividade institucional – a história das formas de sofrer é parte da história das formas de organização coletiva.

Seria preciso então que toda a esquerda fosse realizar "trabalho de base", se "misturar com o povo"? Não é isso que estou dizendo – ainda que a antiga concepção de trabalho de base tivesse o mérito de tornar quase impossível denegar a tensão interna entre panfletar e pagar as contas, já que dava mais trabalho ir até o mundo do trabalho. No entanto, quando um militante decide "ir" até a sociedade, está suposto aí que ele não se entende como parte da sociedade – e que ele renuncia a alguma coisa para ir "se juntar aos outros". Abandonar esse traço distintivo, que carrega uma certa satisfação trágica, é um dos maiores desafios organizacionais da esquerda hoje – não pensamos, afinal, que seria possível colocar o problema da reprodução social no centro das preocupações da esquerda sem acarretar uma transformação massiva em nossa organizações, partidos e movimentos sociais, certo?

Mas não estaríamos ainda mais à deriva se nos voltássemos para nós mesmos dessa forma, focando nos problemas materiais – e, à primeira vista, apolíticos – da administração, logística e convivência nas organizações e ações da esquerda? É aqui que eu acho que colapsa também a terceira parte da questão da direção: não só os únicos dirigentes são aqueles que são dirigidos, como a direção para onde temos que ir é a de disseminar os meios materiais – recursos objetivos, mas também subjetivos – de sustentação dessa divisão interna. Nada do que hoje aparece como *finalidade* da luta – criação de novas leis, disputa do governo, alteração na correlação de forças no trabalho, etc. – precisaria ser abandonado, mas passaria a compor uma grande tapeçaria de *meios* dentro de um projeto de autodeterminação da esquerda por ela mesma. Não é exatamente a lógica da prefiguração[16] – processo de antecipar no presente traços das conquistas que visamos para o futuro – tanto quanto uma mudança na hierarquia dos problemas.

---

16 Uma boa discussão sobre prefiguração pode ser encontrada no livro de Sabrina Fernandes *Sintomas Mórbidos* (Autonomia Literária, 2019).

Em outras palavras, não se trata de disseminar um discurso – afinal, "eu sou igual a você" é algo que só algumas pessoas podem dizer, aquelas que têm meios de se fazer escutar – mas de reformular os problemas de organização da esquerda do ponto de vista dos problemas de qualquer um. A esquerda tem o potencial de ser um modelo artificial de toda a sociedade, um palco em que a tragédia social pode ser encenada em outra chave, quem sabe achando alguma graça no desígnio autoimposto de sermos *pessoas ordinárias desejando algo de extraordinário*. Mas se a gente não confia que a força social de uma organização se mede pela sua capacidade de acolher a fraqueza individual, nem que essa força de transformar a "miséria neurótica em infelicidade comum" é uma orientação capaz de produzir entusiasmo nas pessoas, então acho que não vamos ver graça nem mesmo no comunismo.

A comédia é um gênero que não tem lugar para a esperança nem para a redenção, é verdade, mas eu não consigo esquecer as palavras de Freud quando diz que "uma nova piada age quase como um acontecimento de interesse universal: passa de uma a outra pessoa como se fora a notícia da vitória mais recente".

5. As esquerdas frente ao mundo dos problemas "cotidianos"

Edemilson Paraná

Entrando já no quinto capítulo de nossa polêmica, os acordos e desacordos parecem se tornar mais claros, algo que pode nos encaminhar, assim, para um novo ponto de ancoragem – a partir de onde, claro, poderíamos continuar essa talvez interminável discussão.

    Iniciando nosso debate, apresentei uma proposta de leitura das esquerdas que nos permitisse avaliar seu estado atual, ao que Tupinambá comentou apontando que os três tipos em que dividi sua tragédia presente (esquerda parlamentar-institucional, radical-saudosista e fragmentária-pós-moderna) tratavam-se, em verdade, de frações complementares não de uma situação trágica, mas cômica. Em um tratamento outro dessa inaudita e já existente complementação prática, argumentou o autor, poderia residir uma saída para o falso dilema da fragmentação das esquerdas, em verdade já "resolvido". Acolhendo, em grande parte, sua sugestão-crítica, contra-argumentei que só poderíamos assumir sua proposição de maneira produtiva em relação aos objetivos de transformação social inicialmente colocados se a situarmos frente ao problema do poder, da luta de classes e do acúmulo de força social; algo que nos levaria, por fim, ao tragicômico de nossa situação.

Em sua última intervenção, nos convidando a aplicar um método análogo a "olhar menos para onde o dedo aponta, e mais para a ponta do dedo", Gabriel propõe que "dado que a esquerda quer mudar a sociedade à qual pertence, então o melhor índice de seu acúmulo de força é sua capacidade de mudar aquilo que, na própria esquerda, marca sua inserção social", o que recoloca e reafirma a situação em tela no patamar daquela comédia de nós mesmos.

Um debate em forma de pêndulo

Até aqui, o debate, face à importância que demos a cada uma das dimensões apresentadas, vem se desenvolvendo, então, como algo que parece ser um pêndulo (do tragicômico): sustentamos um corpo (as esquerdas) amarrado pelo mesmo fio (a necessidade de transformação social). Os polos desse "movimento" constituem-se pelo o que supostamente caracterizaria, grosso modo, os diferentes pontos de vista aqui contrapostos: se olhamos a esquerda de fora para dentro, em chave trágica (Paraná) ou se de dentro para fora, em chave cômica (Tupinambá). Reconhece-se, naturalmente, de parte a parte, que sem espaço para ambos polos nosso 'fio' da transformação social simplesmente não seria capaz de se movimentar: uma vez que o movimento, quando ativo, alimenta-se, inevitavelmente, de ambos os opostos, estes são interdependentes. Mas, diante daquilo que detectamos como uma aparente inércia estacionária do sistema (longe, portanto, do alcance em amplitude de ambos os extremos), nos perguntamos sobre a direção e a intensidade da força a ser aplicada para iniciar essa desejada dinâmica frente às condições adversas do ambiente que nos circunda.

A esquerda de dentro para fora: o polo (cômico) de Tupinambá

Dito isso, nos voltemos ao polo de Tupinambá. Uma vez que lhe parece problemático "fazer essa avaliação a partir de um 'mais além' da própria esquerda", Gabriel está convencido de que as perguntas a serem colocadas no centro da investigação são:

> "como que as esquerdas governam a si mesmas em seus diferentes veículos midiáticos, instrumentos políticos, projetos sociais, no trato com o dinheiro, com o tempo e o trabalho das pessoas? Comparada às empresas, ao Estado, ao tráfico, às congregações religiosas – que sempre soubemos analisar a partir da tangibilidade do poder e de suas estruturas organizacionais – como nós nos saímos?"

As perguntas, naturalmente, são urgentes e necessárias e guardam o mérito de serem bastante objetivas. Mas Tupinambá as faz já com uma resposta em mente, algo ademais explicitado em seu texto: a de que na esquerda reproduzimos, em nosso fazer político, os mesmos mecanismos de reprodução da distinção social, adaptados que estamos ao mundo do qual fazemos parte. "Trata-se antes de uma esquerda cuja organização é tão perfeitamente compatível com o mundo que vivemos que está à vista de todos que não há nada ali que convoque ou demande alguma 'adesão' especial".

Apesar desse correto diagnóstico, não fica claro, por que, a despeito dessa integração, somos tão menos bem-sucedidos quando comparados "ao Estado, ao tráfico, às congregações religiosas"? Se estamos igualmente integrados – ainda que em posições relativamente distintas –, o que explicaria essa brutal discrepância em termos de acúmulo de força social?

Uma das respostas, sugere o autor, está em nossa incapacidade para detectar e gerir adequadamente um modo de produção do sofrimento, qual seja, a tensão típica daqueles que vivem ao mesmo tempo entre transformar e reproduzir a realidade social da qual se é simultaneamente produto e produtor, algo que – no bojo de um completo descaso para com as questões materiais da vida cotidiana – enfraquece nosso potencial de mobilização social.

Essa resposta, correta apenas parcialmente, revela as desventuras do método aplicado: a exagerada aproximação do "dedo" em relação ao campo de visão desfoca aquilo que se aponta, tornando a falange mais relevante na cena do que realmente é. O risco dessa distorção é o de apresentar como geral uma realidade que, em verdade, é particular. Vejamos.

O que o empresário, o pastor, o traficante, o político dirigente do Estado, para citar os exemplos mencionados, têm em comum para, cada um a seu modo, acumularem poder social enquanto falhamos? Sem muito esforço, encontraremos também ali, não raro, mesmo que em formas e tonalidades as mais diversas, a integração prática ao mundo, a busca e a realização de distinção social, a reprodução de uma considerável diferença material para com seus funcionários, fiéis, comandados, eleitores de que fala Gabriel. Encontraremos também formas de sofrimento inerentes ao desencaixe entre exploração do trabalho e consumo abundante, desejo e realidade, presente e futuro, e a dificuldade incontornável que é suportá-lo cotidianamente – já que sofrer as contradições e dores da existência não é um privilégio dos revolucionários (e aqui, claro, a ideologia como campo de disputa e luta social volta à baila).

Mas, seguindo o raciocínio proposto por Tupinambá, poderíamos responder que se trata da devida atenção que estes dão, comparado ao descaso por parte da esquerda militante, às exigências e necessidades da reprodução da vida material no interior de suas atividades. Novamente, a resposta é correta apenas parcialmente.

Isso porque não consta que o problema da reprodução material das condições de existência seja novo ou esteja completamente fora do radar organizativo das esquerdas – talvez isso seja válido para a esquerda estudantil e universitária mais abastada, mas certamente não o é para uma enorme gama de movimentos sociais, centrais sindicais, associações comunitárias, partidos. Seria ingênuo e historicamente incorreto, portanto, imaginar que esta questão aparece ou se impõe apenas agora. A profissionalização, a "liberação" de militantes, as eternas discussões sobre formas mais ou menos estáveis de sustentação econômica da atividade política, entre tantos outros temas correlatos vem sendo debatidos, testados e problematizados nas esquerdas desde os seus primórdios – com resultados às vezes mais, às vezes menos desejados. Tampouco é nova, no interior das esquerdas, a tensão ou cisão subjetiva entre reproduzir e transformar a sociedade, ou mesmo os problemas relacionados às diferenças de classe, raça e gênero de/entre seus integrantes. (E ao lermos o texto de Gabriel somos ironicamente remetidos ao prefácio de *A situação da classe trabalhadora na Inglaterra*, em que Engels se orgulha de ter ele mesmo renunciado "ao mundanismo e às libações, ao vinho do Porto e ao champanhe da classe média" para consagrar "quase exclusivamente minhas horas vagas ao convívio com simples operários").

A conclusão na qual se sustenta o texto de Gabriel é, então, objeto direto ela mesma da crítica que articula. Mas tal exercício de autocrítica seria talvez ainda mais potente se não apresentasse como universal um problema que é particular, não das esquerdas, mas de uma esquerda: aquela que não tem como "seu" o problema da produção material de sua própria existência. Essa esquerda, sabemos, é bastante restrita em tamanho e representatividade social. E mesmo que não o fosse, nossa tragédia, ou tragicomédia, conforme argumentei anteriormente, está para muito além desta esquerda privilegiada material e intelectualmente. A desorientação de que falo acomete mesmo as suas frações, organizações e movimentos mais orgânicos, inseridos e enraizados na luta popular e de massas, mesmo aqueles que todos os dias falam de dinheiro, administração, tempo e logística para o fazer militante.

O poder e a política frente aos problemas da vida cotidiana

Mas se as respostas oferecidas por Tupinambá até aqui acertam e contribuem sobremaneira, ainda que sem dar a devida atenção ao que julgo central, cabe voltarmos à pergunta a respeito daquilo que nos diferencia negativamente frente àquelas entidades, instituições, grupos e setores sociais capazes de maior acúmulo de forças. Eis, então, uma resposta: o fato de que, diferente de nós, todas estas oferecem, ao seu modo, e ainda que por vias consideradas inusitadas, soluções para problemas concretos e objetivos da vida social. Tais instituições "resolvem" a seu modo os problemas das pessoas, e, em geral, aqueles considerados mais urgentes.

O risco, então, de argumentos, por vezes temperados de moralismo, que se sustentam nos conhecidos "ir ao povo", "ter coerência", "a prática é o critério da verdade", tão comum entre as esquerdas, é o de escorregarmos em certo "basismo" – a ponto de nos cegarmos, por exemplo, para o fato de que entre os quadros dirigentes de todas as revoluções do século XX haviam integrantes quando não de classes abastadas, de setores médios intelectualizados. O problema do que se passou a ridicularizar como "esquerda de iPhone" ou "esquerda caviar", com o perdão do palavreado, não são as iguarias que eventualmente compõem ou deixam de compor sua dieta, mas sua incapacidade e indisposição para entender o que ocorre a sua volta, para oferecer e articular medidas concretas e objetivas de melhoria da vida das pessoas, em torno do qual elas se sintam impelidas a lutar coletivamente para realizar. Pensemos nos três mais relevantes problemas do Brasil contemporâneo aos olhos das maiorias sociais: o desemprego, a violência e a corrupção – junto de uma descrença generalizada nas instituições de nossa fraturada democracia representativa. Quais são as propostas e posturas das esquerdas frente a esses três problemas nevrálgicos? Quando não total ignorância, encontramos relativização de sua gravidade, propostas irreais, ou um conjunto de bordões vazios de protesto voltados para e marcados pelo apego àquelas mesmas instituições que o povo vem sendo rapidamente ensinado a desprezar. É precisamente por essa razão, mais do que qualquer outra, que estamos, como corretamente detecta Gabriel, "sentados em cima do poder".

Pode residir justamente aí, então, o equívoco em secundarizar o problema estratégico do acúmulo de força social, como se ele "já estivesse resolvido". Isso, que pode recair em um excesso de apego à dimensão ético-comportamental da organização das esquerdas, esvazia o necessário esforço de análise acurada da conjuntura e da realidade concreta, a dura empreitada de constituição de propostas e programas, e a articulação de uma estratégia robusta e coerente de ação política, correndo o risco de substituí-la por uma espécie ineficaz qualquer de "ascese" proletária, que buscar expiar culpa burguesa como se fizesse revolução. Tudo somado, nossa falência intelectual e política acaba transformada quase num problema de parcimônia, engenharia institucional, disposição voluntarista, ou "lugar de fala". No caso em tela, distinto, a opção é por um mecanismo de gestão do poder no interior das esquerdas que seja capaz de demonstrar, na prática, sua eficácia e, assim, obter adesão social. A busca é salutar, mas o risco, fruto da mencionada secundarização, permanece.

Com isso não se quer diminuir a importância do trabalho de base, da organização popular enraizada, atenta às condições e necessidades das maiorias, da construção de uma esquerda coerente e convincente em sua ação multitudinária, antes o contrário, trata-se de apontar que isso é possível justamente quando tais ações de "luta", para lembrar um conhecido bordão militant, mostram seu potencial de realmente "mudar a vida". Tampouco se quer defender, com isso, um horizonte rebaixado de mera gestão "melhorista" da tragédia social por meio de políticas públicas (ainda que isso seja melhor do que nada); mas sim – recordando, dentre outros, os velhos maoístas – que "ir ao povo" significa ser e resolver com o povo os problemas do povo. Enquanto não tornarmos nossos os problemas do povo – e aqui retomando a crítica de Gabriel quanto a essa própria diferença entre "nós" e o povo –, não conseguiremos apresentar uma plataforma política capaz de galvanizá-lo.

É evidente que é precisamente este o objetivo por trás da proposta de Tupinambá. Mas, para retomarmos a metáfora do pêndulo, cabe novamente demarcarmos aqui a diferença de ênfase. Enquanto para ele se trata de reelaborar o que "estamos fazendo enquanto discutimos o que fazer", sigo convencido da centralidade de articularmos de modo criativo os circuitos e fios hoje desconectados e desencapados que ligam análise acurada da realidade, estratégia, proposição programática e acúmulo de força social. Trata-se de uma postura por demais racionalista e, por isso ingênua, alguns dirão. Mas não consta que para isso precisemos ignorar, antes o contrário, o problema da ideologia, da interpelação/subjetivação, da disputa simbólica, da construção de narrativas e dos mecanismos os mais variados de mobilização e disputa cultural, política e social.

Tratar a questão a partir das diferentes e inovadoras formas de interligar análise concreta da realidade, estratégia, proposição programática e acúmulo de força social tem o mérito, ademais, de evitar a confusão entre "resolução objetiva de problemas" e a ingenuidade típica de quem busca o "governo de si mesmo" ignorando a permanência e reprodução de estruturas sociais, da ansiedade juvenil em ver aplicada a fórceps no aqui e no agora a sociedade ideal, como se isso fosse apenas um ato de vontade. Conhecemos iniciativas e discursos dessa natureza por toda a parte, elas compõem, ademais, o problema de que se fala.

Com isso, evidentemente, não se quer dizer que as esquerdas podem se eximir de buscar produzir e reproduzir, na prática, e na medida de suas possibilidades, a sociedade que defendem – mas que isso deve ser feito levando em conta o circuito acima descrito, e não em chave moral, à revelia das condições postas pela conjuntura da luta de classes em um determinado momento.

Dito isso, Gabriel corretamente nos chama a atenção, ademais, para o fato de que

> "enquanto nós nos enxergamos do ponto de vista trágico, aparecendo para nós mesmos como Antígona lutando contra o

destino, enterrados vivos com a cabeça cheia de ideais, para qualquer outra pessoa não há aí tragédia nenhuma, mas antes um circo que dedica suas forças 'realmente existentes' à preservação de um índice distinção social e à manutenção de uma certa dinâmica de poder bastante tangível e que simplesmente não carrega nenhuma grande novidade. Nós somos antes como o pobre do Sósia, que pena para convencer os outros de que serve à honra de Tebas e não à malandragem dos deuses".

Mas caberia novamente nos perguntarmos o que fazem, então, de diferente as "empresas, o Estado, o tráfico ou as congregações religiosas" quando, mesmo quando não resta dúvida alguma a respeito de servirem "à malandragem dos deuses", seguem acumulando adesão, ou melhor dito, força social. A essa altura, a resposta parece clara: elas oferecem às pessoas aquilo que não somos capazes de oferecer; não honra, heroísmo ou promessa de redenção, mas soluções práticas para suas vidas cotidianas; não apenas boas e sustentáveis práticas militantes, mas a resolução de problemas concretos.

O problema central, novamente, não é, então, que estamos excessivamente adaptados ao mundo e que, assim, instrumentalizamos nosso antagonismo político em prol de nossa distinção social – isso, repito, quase todo mundo faz. O problema é que, diferente dos demais, não oferecemos, em meio ao desespero da existência, nada pelo o que valha a pena lutar, nenhum horizonte concreto de melhoria objetiva da vida – algo que "empresas, o Estado, o tráfico ou as congregações religiosas" prometem realizar (e não importa muito, nesse caso, o juízo que façamos disso como conservação ou transformação) e, não raro, realizam. Ou seria apenas coincidência o fato de que, enquanto toda a esquerda brasileira afunda em insignificância, um Lula condenado e prestes a ser preso por corrupção mantenha altos índices de intenção de voto? Se "pena[r] para convencer os outros de que serve à honra de Tebas e não à malandragem dos deuses" ainda é um problema nosso e de nosso humanismo de salão, certamente não o é de quem joga o grande jogo da política de massas.

Quer dizer, não deixamos de convencer as pessoas centralmente porque "nosso trato atual com o poder dentro da esquerda é um índice bem mais convincente do que é que faríamos caso mais pessoas aderissem ao nosso campo político", mas simplesmente porque nada do que fazemos ou falamos é suficientemente atraente para quem vive sob o signo da urgência. Sobra "todo poder aos sovietes", falta "pão, paz e terra".

Seguindo esta trilha, pensemos por um momento nas revoluções. As revoluções não guardam apenas uma promessa de vida futura, mas uma potente agenda de luta presente, quando, de certo modo, fica claro que o custo de se manter certo arranjo societal é muito mais alto do que o preço a pagar pela sua transformação radical; quando os trabalhadores sentem, percebem ou se convencem realmente de que "não têm nada a perder a não ser suas próprias correntes". Revoluções são transbordamentos societais brutais e envolvem, sim, a luta por uma melhoria das condições de vida no presente, no agora. Cabe lembrar ademais que, se a relação entre as classes é processual, como o é também o imbricamento entre capital e luta de classes, a luta política tem ela mesma o poder de formar, educar, empoderar, subjetivar, constituir. Novamente, por trás daquele chavão de que "a luta muda a vida" há a ideia de que esta institui um novo *ethos* (e aqui talvez caberia o paralelo de pensarmos a relação entre catolicismo e protestantismo na Reforma: mais do que a reconfiguração da ideia de redenção, o poder de massas do segundo se deu, sobretudo, por sua capacidade de articular uma nova ética que se encontrava com as demandas de uma vida em transformação). Fica claro, assim, que meu argumento oferece mais um deslocamento em ordem e ênfase, um ajuste, do que uma negação da interessante e fecunda proposta de Gabriel. Examinemos esse movimento a partir de outro aspecto.

Mais à frente, encarando a militância como uma forma de sofrer, produto de uma identidade dilacerada, Gabriel sustenta que

> "a esquerda não se dissemina socialmente quando seus ideais circulam na mídia, mas quando sua posição de enunciação se torna cada vez mais comum. E isso não acontece quando os outros passam a assumir a nossa postura, mas quando nossas organizações, sistema de valores, enquadres teóricos, etc., são marcadas de cabo a rabo pela problemática da reprodução concreta da vida, que é o ponto de inserção da militância no mundo".

Se não há quase nada a discordar a esse respeito, cabe destacar que é perfeitamente possível retirar dessa afirmação as consequências da ideia que estou empenhado em defender, qual seja, a de que o acúmulo de força social está intimamente vinculado a um tratamento adequado da "problemática da reprodução concreta da vida". No entanto, o que aparece para Gabriel como consequência direta de uma nova postura militante, me aparece como causa desta: é precisamente por colocar esta questão no centro de sua ação e reflexão que as esquerdas podem reorientar suas práticas e comportamentos, reorientação esta articulada em termos do circuito acima descrito. Esta é a questão, relacionada a uma compreensão da transformação disruptiva e sempre renovada do modo capitalista de (re)produção da vida social, inclusive em seus aspectos subjetivos, simbólicos e ideológicos, que nos empurrará para formas outras de investigar, compreender e intervir no mundo. É ela que fez Engels, para voltar ao nosso pitoresco exemplo, renunciar "ao mundanismo e às libações, ao vinho do Porto e ao champanhe da classe média" em busca do entendimento mais acurado possível da situação dos trabalhadores – o mesmo Engels que, no *Anti-Duhring*, observará que "o poder político teve por base, em todas as partes, o exercício de uma função social"[17]. Sabemos que um real compromisso intelectual e político com esta dimensão encontrará enormes dificuldades para se desenvolver em ambientes marcados por dogmatismo e/ou celebracionismo performático – algo infelizmente não raro entre as nossas esquerdas.

Ainda nesta via, Tupinambá acerta novamente quando aponta, ademais, que "ao contrário do que se pensa, sofrer é uma atividade institucional – a história das formas de sofrer é a história das formas de organização coletiva". Mas o ponto aqui, novamente, são as implicações que disso obtemos, já que as pessoas não parecem buscar apenas a reconfortante compaixão do sofrimento compartilhado, mas uma forma minimamente produtiva – para voltarmos à Igreja, ao tráfico, aos aparelhos do Estado – de encaminhá-lo. O que temos nós a oferecer nesse caso? Onde estamos falhando?

De volta ao pêndulo: coordenando a ação

Talvez possamos, como venho sugerindo, procurar as pistas na deficiência das leituras e diagnósticos, na insuficiência programática e na desorientação estratégica. Indícios em nossa indisposição para disputa social em torno de uma ação política que seja criadora o suficiente para conectar as pontas desamarradas

---
[17] Engels, F. (2015) *Anti-Duhring*. São Paulo: Boitempo, p.264

entre pragmatismo e combatividade, preocupação com a melhoria imediata das condições de vida e orientação para a construção de uma sociedade radicalmente diferente; uma ação que permita, de alguma forma, ligar as lutas no capitalismo com aquelas face ao, ou contra o, capitalismo.

Ocorre que a avalanche de transformações que vêm ocorrendo desde o último quarto do século XX nos tirou o chão debaixo dos pés. O capitalismo mudou, o mundo do trabalho mudou, a política mudou e, ao menos até aqui, não fomos capazes de nos reposicionar organizativamente frente ao novo cenário. Como fazê-lo, eis o nosso "quê fazer". Dessa forma posto, parece simples, mas o desafio é hercúleo e merece o melhor de nossas energias revolucionárias. Neste ponto, as críticas e sugestões de Tupinambá têm muitíssimo a oferecer. Fica evidente que compartilhamos o que se entende pelo fio, o corpo, e a necessidade de dar dinâmica ao pêndulo da luta política à esquerda. Se a força aplicada virá de um lado ou de outro não é uma questão menor, mas talvez possamos coordenar juntos a ação, na medida de nossas forças e possibilidades, de modo a finalmente colocá-lo em movimento.

6. Organizar um mundo a partir das fraturas
Gabriel Tupinambá

Tipos e misturas

No capítulo que abre esse debate, Paraná propôs um modelo, assumidamente esquemático, composto por três "atratores", três lógicas que precisariam ser distinguidas ainda que apareçam de maneira articulada nas diferentes apresentações daquilo que se autointitula a "esquerda" contemporânea: a esquerda dita "fragmentária" é aquela que mapeia o mundo desde as questões da cultura, dos costumes, comunidades e identidades; a esquerda "parlamentar" é aquela que faz o mesmo desde o Estado, dos direitos e das leis; e a esquerda "tradicional" – ou "revolucionária" – se organiza em torno das questões do capital, do trabalho e da esfera produtiva. O que não significa que uma dada lógica não dê lugar ou nomeie os elementos que têm estatuto autônomo ou privilegiado em uma das outras dimensões – cada lógica é capaz de mapear a totalidade dos processos sociais, o que se altera é antes a divisão interna entre o que é considerado *estruturante* e o que é considerado *estruturado*. Por exemplo: é claro que os costumes e as relações de propriedade têm lugar na perspectiva orientada pela lógica do valor e da forma-mercadoria, mas esse lugar é secundário, determinado por operadores que privilegiam outras categorias.

Dividimos as três lógicas a partir da centralidade que outorgam a alguma esfera da vida social, mas existem também outras formas de distingui-las[18] – por exemplo, considerando o tipo de conceituação que o *dano* recebe em cada uma dessas lógicas: numa primeira tentativa, poderíamos distinguir a opressão e o silenciamento, no caso da primeira; o crime, a expropriação e a ruptura no pacto representativo, no caso da segunda; e a exploração e a pauperização, no caso da terceira. A *temporalidade* de cada uma – os ritmos, formas de pensar o futuro e de lidar com a tradição – também poderia ser outra maneira interessante.

Em sua contribuição original, Edemilson se concentra inicialmente nas distinções políticas, epistemológicas e ideológicas de cada uma, mas o essencial, em todo caso, é a proposta de distinguirmos três lógicas, cada uma delas operando de tal maneira a dar um lugar subordinado, ou mesmo ilusório, àquilo que é considerado fundamental e dominante pelas demais. Olhando retrospectivamente, vejo que aqui já criamos espaço para um primeiro mal-entendido, uma vez que as descrições políticas que escolhemos para nomear esses três atratores – chamando um campo de "fragmentário", o outro de "nostálgico", etc. – traíram um pouco o espírito da investigação, colorindo exageradamente a apresentação formal a partir dos compromissos e preferências dos investigadores. Por causa disso, vou adotar uma nomenclatura provisória daqui para frente, baseada no campo de intervenção privilegiado por cada atrator: esquerda comunitária, esquerda institucional e esquerda econômica.

Reforço aqui que Paraná faz questão de esclarecer que esses três polos ou lógicas se misturam e articulam no caso dos espa-

---

18 Minha amiga, a filósofa Carla Rodrigues, sugeriu, por exemplo, a pertinência de uma análise de diferentes concepções e práticas feministas a partir dessa mesma modelização.

ços concretos de organização e prática das diferentes formações da esquerda. Isso nos permite esclarecer uma segunda espécie de mal-entendido que nossa discussão poderia criar: a ideia de que existiriam, em decorrência desses três polos, apenas três frações da esquerda, cada uma representando apenas uma dessas três tendências. Não é isso que o modelo analítico proposto por Paraná implica: é verdade que podemos distinguir diferentes posições epistemológicas ou organizacionais para cada uma dessas lógicas, mas isso não significa que, numa dada frente de luta – por exemplo, em um dado movimento social – não possamos encontrar um mapeamento da realidade baseado na esquerda econômica, uma atividade política baseada no modo institucional e uma concepção ideológica baseada no modo comunitário, ou mesmo tensões entre mais de um princípio operando em uma de suas dimensões. Alguns aspectos do Movimento dos Trabalhadores sem Teto (MTST), por exemplo, talvez pudessem ser modelados dessa forma: crítica da especulação imobiliária, intervenção política sobre a expropriação, fomento da solidariedade comunitária[19]. Outras composições são possíveis também.

O importante é que, não havendo um "encaixe" necessário entre essas três dimensões, cada organização pode ser entendida como uma solução local, experimental, para esse arranjo instável – o que nos permite investigar as diferentes articulações que constituem cada organização política: a forma como cada uma propõe o "mapeamento cognitivo"[20] da realidade so-

---

[19] Uma análise brilhante dos diferentes atravessamentos do MTST-SP, de suas contradições e modos de funcionamento díspares – e que também compara dois usos da metáfora da construção – é a tese de doutorado de Alana Moraes *Experimentações baldias & paixões de retomada: vida e luta na cidade-acampamento* (PPGAS/UFRJ, 2020).
[20] O termo foi proposto por Fredric Jameson em texto de mesmo título.

cial, apostando em um dado regime de causas e efeitos, em uma dada forma de avaliação do sucesso ou fracasso de suas ações, numa forma de lidar com a relação entre as estruturas sociais e seu próprio regimento interno, etc.

Mas, além de utilizar esses três "centros gravitacionais" para pensar um modelo analítico das formações de esquerda, Paraná também usou sua conceituação como base para um diagnóstico: sugeriu que a "tragédia" da esquerda – agora se referindo ao nosso predicamento geral, e não a uma dada organização – se deve a uma tendência de que as frentes de luta se orientem por apenas um desses três "tipos ideais". Organizações centradas apenas em um modo ou em um atrator são ao mesmo tempo muito consistentes – uma vez que seus princípios epistemológicos, ideológicos e políticos decorrem todos da mesma lógica – e incapazes de lidar com as deficiências que são fruto dessa unilateralidade. Partidos revolucionários de linha "ortodoxa", que entendem as questões da cultura e do Estado, da opressão e dos direitos, como questões redutíveis à lógica da exploração e da base econômica, seriam casos exemplares desse diagnóstico: ao mesmo tempo em que produzem análises teóricas que reconhecem os circuitos internacionais do capital e as mutações macroeconômicas, que servem então de base para ambiciosas propostas de mudança antissistêmica, essas organizações podem, por conta da própria lógica que organiza sua perspectiva epistemológica e política, padecer de um "elitismo político" e um "nanismo" que não têm ferramentas para superar ou mesmo avaliar adequadamente. Paraná chama atenção para os efeitos trágicos da situação em que a consistência interna de cada uma dessas três lógicas nos impede de rearticulá-las, de "reter as virtudes e descartar os vícios de cada uma".

De onde vem a fratura das esquerdas?

Minha contribuição para esse modelo foi sugerir que essa situação – em que as três lógicas dão origem a um jogo de conflitos mútuos, cada uma se opondo às demais ao invés de produzindo misturas virtuosas – não se deve tanto à consistência interna de cada polo, mas a uma espécie de retroalimentação que produz a ilusão de que cada uma dessas lógicas poderia subsistir de forma autônoma. Em outras palavras, os fracassos das políticas baseadas exclusivamente na esquerda econômica ou institucional contribuem para a estabilidade e autonomia da lógica comunitária como o polo interpretativo fundamental, o mesmo valendo para as demais combinações, numa amarração paradoxal, simultaneamente ligando e separando seus componentes. Com isso, sugeri que existiria "uma ignorância sistemática", ativa, na autonomização de cada uma dessas três lógicas. Ignorância epistemológica, política e ideológica, em que os fracassos de processos políticos regidos pelos demais princípios passam a atestar a validade e soberania do princípio que tem função dominante em nossa própria organização, justificando assim o esvaziamento das demais lógicas e a manutenção dessa separação estéril entre três polos que não se misturam.

Além de contribuir para uma análise mais dinâmica do modelo de Paraná, o que eu tentei fazer foi suplementar o modelo dos tipos ideais proposto por ele com uma espécie de gênese histórica e social dessas formas gerais. Isto é, a proposta de que a abstração desses três polos se deu através de sua *segregação prática*. Ou seja, não seria apenas o caso de distinguir os tipos "ideais" apresentados no modelo de Paraná da "realidade" das diferentes misturas locais, mas também de afirmar que essas três lógicas surgem *agora, e para nós,* como três tipos idealizáveis justamente porque, na prática, por conta de uma forma de interação historicamente determinada, assistimos a uma crescente distinção organizacional entre elas.

Foi em referência a essa dinâmica de "ignorância" ativa e mútua que polemicamente sugeri que invertêssemos o diagnóstico e o prognóstico proposto por Paraná: não temos três esquerdas, idealmente identificáveis, que precisamos unir na prática – na verdade, conseguimos apreender três tipos ideais porque a forma de unidade das frentes de luta já é esse processo de abstração mútua. Já existiria uma dinâmica concreta de unificação dessas três lógicas – justamente a dinâmica centrífuga que "purifica" cada uma das demais – que precisamos reconhecer, elaborar e desativar caso queiramos buscar outros arranjos e composições para as diferentes frentes e lógicas de luta.

Tanto a tentativa de procurar a coesão sistêmica das esquerdas, em um paralelo com a coesão paradoxal do capitalismo contemporâneo, quanto minha escolha de privilegiar a relação entre transformação política e reprodução social derivam desse ímpeto subjacente de entender a fragmentação ou tensão interna às esquerdas como efeito de um processo histórico maior, que também afeta outros grupos sociais. O que foi se tornando claro para mim ao longo desse debate é que eu acredito que parte da eficácia de uma dada organização ou discurso político depende de sua capacidade de mapear ou figurar internamente as forças que organizam a nossa vida social. Afirmar que é importante construirmos problemas em nossos próprios termos – ou que o modo como lidamos com o poder e o dinheiro em nossas organizações diz algo profundo sobre o que somos capazes de fazer – é uma maneira de defender que a esquerda não tem apenas a tarefa de transformar o mundo, mas que, no caso de uma formação social fraturada e multidimensional como a nossa, temos ainda a tarefa de *construir um mundo* a partir dessas diferentes forças.

A história recente do capitalismo mostra que enfrentamos um período de desestruturação de certos pactos e dinâmicas que pareciam estabilizar as forças nacionais, estatais e capitalistas. Se o século XX trazia, para Francis Fukuyama, o "fim da história" por se mostrar um processo de homogeneização social, lentamente expandindo para todos os países uma receita liberal já testada, hoje filósofos como Paulo Arantes ou sociólogos como os Comaroff identificam uma tendência inversa: a promoção global de uma formação social fraturada, em que o circuito virtuoso entre mercado, Estado e nação é substituído por tensões irreconciliáveis em um capitalismo de crise[21]. É um outro fim da história, um "tempo do mundo" sem horizonte de expectativa, no qual as contradições sociais são vividas sem nenhum horizonte conciliatório comum[22]. Localizar os desafios da esquerda nesse terreno nos permite tanto avaliar o quanto as fraturas e tensões identificadas no modelo de Paraná são devedoras desse momento histórico em particular, quanto reconhecer que vivemos em uma sociedade sem mundo – posto que não há horizonte comum fora o próprio processo de autovalorização a amarrar suas forças constitutivas – então a articulação local em uma dada organização entre as lógicas comunitárias, institucionais e econômicas é também a construção de um horizonte e de um mundo comum.

Esse esclarecimento pode ajudar a corrigir também um outro mal-entendido – no qual é possível que o próprio Edemilson

---

[21] Uma ótima análise da produção do espaço em tempos de periferização pode ser encontrada no livro *Condição Periférica* (Consequência, 2020) de Thiago Canettieri.

[22] Refiro o leitor aqui novamente ao meu texto sobre a obra de Paulo Arantes: *Um pensador na periferia da história*.

tenha incorrido em sua leitura de minha proposta: dizer que a abstração-separação das formações de luta centradas em diferentes polos é fruto de sua união realmente existente – ou seja, que, no fundo, a tragédia das esquerdas serve para criar um *mundo comum para os militantes* – não é dizer que não deveríamos buscar outras formas de compor a articulação entre diferentes frentes de luta. Dizer que existe uma dinâmica interna de "feedback" entre organizações políticas em conflito que alimenta e justifica sua adesão unilateral a essas diferentes lógicas não é o mesmo que dizer que a tarefa de articular as esquerdas pode ser abandonada. Sim, é verdade que esse diagnóstico alternativo sugere que devemos provavelmente abordar essa questão de outra forma, dado que a conjuntura estaria sobredeterminada por um tenso equilíbrio entre as partes em questão. E isso pode até mesmo significar que essa dinâmica acabou por desativar a eficácia da palavra de ordem de "unificação" da esquerda – é algo a se avaliar: pessoalmente, acho que se trata menos de unificar grupos do que de aprendermos a remendar os retalhos de uma sociedade fraturada usando a esquerda como laboratório.

Quando a teoria é melhor que os teóricos

Por fim, gostaria de pegar carona nessa ideia de usar a esquerda como um laboratório para transformar os dois "cientistas" desse debate nas cobaias de seu próprio experimento. Se é verdade que o mérito da formalização é justamente sua capacidade de se separar e se autonomizar de quem a construiu, então é essencial enfrentarmos essa pergunta: como seríamos nós mesmos analisados pelo modelo analítico que propusemos anteriormente?

Numa primeira aproximação, acho que podemos afirmar que nós dois tomamos a lógica econômica como dominante, ainda que tanto o Paraná quanto eu partilhemos da impressão de que a abordagem da "esquerda revolucionária" não seja internamente consistente, dependendo das demais. Mas aqui nós dois começamos de fato a divergir: na hora em que a questão do poder entrou em cena, eu privilegiei a relação entre a lógica econômica e a lógica comunitária – numa discussão sobre as culturas das próprias esquerdas, o problema da identificação na militância, os desafios de organização da vida do ponto de vista da contradição entre mundo do trabalho e pertencimento social, etc. – enquanto o Edemilson me parece ter focado no ponto de contato entre a esquerda econômica e a institucional – que não se cruzam na tensão que constitui a *figura do militante*, como no cruzamento que me interessou, mas na tensão que constitui a própria noção de *demanda social*. Isso explica, por exemplo, porque em sua resposta Paraná reduziu meu argumento ao famoso "complexo de Engels" – ricos militando entre pobres, etc. – e centrou sua análise sobre a questão de como a esquerda se sai quando "comparada às empresas, ao Estado, ao tráfico, às congregações religiosas". Isto é, privilegiou o problema do poder enquanto capacidade de responder às demandas sociais concretas a partir de uma lógica de transformação anticapitalista e não apenas reformista.

Agora, a coisa não poderia parar por aí, até porque nós começamos o debate justamente martelando a necessidade de trabalhar com um modelo integrado, composto simultaneamente pelas três lógicas, e de fato tanto eu quanto o Paraná localizamos o terceiro polo que não participa da "contradição principal" de nossas análises. Por exemplo, eu propus que a gente avaliasse o acúmulo de poder popular a partir da capacidade de uma dada organização militante de assumir as tarefas de garantir os meios de reprodução social que normalmente dependem do Estado.

Ou seja, trouxe o Estado como um contraponto ao desafio, enfrentado caso a caso por diferentes organizações militantes, de propor um outro modelo de igualdade real. Como a lógica institucional entrou por último no meu argumento, ela apareceu principalmente como objeto a ser dividido, disputado, pelas lutas cuja inteligibilidade nos exige recorrer à tensão entre capital e comunidade – estratégia que enquadra toda a minha discussão sobre a organização política como um conjunto de "meios" administrativos, infraestruturais, no qual a igualdade que buscamos para o futuro já seria testada *in situ*. Edemilson também não deixou a lógica da cultura e da identidade de fora de seu argumento – porém, desde que introduziu o tema do poder, sempre o traz como terceiro termo, como o campo onde se avaliaria os resultados de uma disputa melhor formalizada a partir da articulação entre Capital e Estado.

À luz dessas diferentes mobilizações das diferentes lógicas da esquerda fica mais fácil explicar porque alguns termos comuns tinham sentidos tão diferentes para cada um de nós. Quando eu perguntei como nos saímos quando comparados a outras organizações sociais, estava questionando principalmente nossa capacidade de *nos tornarmos o endereço das demandas de transformação social* – como eu parti da tensão entre reprodução e transformação das relações de produção, minha preocupação não é tanto com a capacidade das organizações de esquerda de *atender* às demandas, mas, antes disso, de *participar* do circuito de expectativas de transformação. Quando falei do sofrimento como "história das instituições", meu ponto era que as organizações que acumulam poder são aquelas que sabem absorver a tensão entre o que somos e o que desejamos, são espaços que têm um lugar – pode ser até mesmo o lugar do "pecado", não importa – para a fraqueza e para a incapacidade de estar a altura do que se deseja, lugar sem o qual não é nem possível articular onde se quer chegar. Por outro lado, vindo de outro recorte epistemológico, Paraná entendeu essa pergunta em uma chave distinta: para ele, não se trata de saber se somos capazes de suportar melhor que outras formas institucionais a tensão identificatória que a luta anticapitalista pode produzir, mas de saber se temos capacidade de atender às demandas sociais normalmente dirigidas ao Estado e seus substitutos, com isso acumulando força social contra-hegemônica o que nos colocaria em posição de agir com eficácia contra a lógica capitalista.

Sou o primeiro a concordar que a tessitura dos nossos argumentos é um pouco mais complexa que isso, mas acho que o modelo analítico do Paraná já demonstra aqui sua validade, capturando duas estratégias conceituais diferentes. Resta dizer que, se esse é o caso, então, para mim, poder popular se mede em relação ao Estado, enquanto para o Paraná se mede em relação à cultura – o que é algo que eu não tinha percebido anteriormente.

Uma crítica que poderíamos fazer aqui, mobilizando esse modelo contra os nossos próprios argumentos, é que nós dois acabamos reduzindo o terceiro polo – a "ponta solta" de cada encadeamento – ao quadro conceitual sobredeterminado pela articulação entre as outras duas perspectivas: nenhum dos dois casos é propriamente reducionista, mas é notável que tanto eu quanto o Paraná não escrevemos praticamente nada sobre a maneira como o deslocamento de endereçamento do Estado para as organizações políticas, no meu caso, ou como a formação de um consenso contra-hegemônico, no caso dele, produziria efeitos antissistêmicos sobre a lógica da esquerda econômica, centrada no "capital". Fica sobrando ali, em ambos os casos, uma pontinha de idealismo que perturba o regime complexo de causas e efeitos que pautava o debate até então – sintoma que um poderia denunciar *ad infinitum* no texto do outro, sem nunca chegarmos a lugar algum.

PARTE DOIS
CAIXA DE FERRAMENTAS

A arquitetura como construir portas
De abrir; ou como construir o aberto;
Construir, não como ilhar e prender,
Nem construir como fechar secretos;
Construir portas abertas, em portas;
Casas exclusivamente portas e teto.

João Cabral de Melo Neto, Fábula de um Arquiteto

7. Esboço de um modelo
Edemilson Paraná e Gabriel Tupinambá

Nosso objetivo nesse texto, escrito a quatro mãos, é sintetizar os principais ganhos do nosso "canteiro de obras" e apresentar de forma mais clara e condensada o modelo de análise das esquerdas que foi se cristalizando ao longo da discussão. Partimos de um rápido resumo dos principais pontos levantados nos capítulos anteriores, esclarecemos em seguida algumas questões metodológicas e então propomos a elaboração passo a passo do modelo. Escolhemos abordar essa construção de maneira bastante esquemática e formal, remetendo o leitor aos capítulos anteriores quando necessário e oferecendo em notas de rodapé a bibliografia relevante.

Saldo do debate

Como foi dito na introdução, decidimos preservar a forma dos textos que compõem os seis capítulos do debate, alterando o mínimo possível o estilo informal, os mal-entendidos acumulados e os desvios da discussão por outros territórios. A oportunidade de acompanhar o desenvolvimento desse projeto oferece não apenas uma visão genética do processo, mas também serve de exemplo de como conflitos e mesmo erros de recepção podem levar a novas formas de abordar um problema. O conflito entre a abordagem "trágica" e a perspectiva "cômica"

– que orientou o debate principalmente nos quatro primeiros capítulos – levou, por fim, a uma revisão do alcance do modelo inicialmente proposto, que agora considera não apenas o recorte epistemológico, político e ideológico de cada dimensão da esquerda, como também o problema da reprodução social. De forma parecida, a interpretação errônea, proposta no segundo capítulo, do termo "tipo ideal" levou a uma crítica do modelo proposto no primeiro capítulo que – apesar de baseada em um mal-entendido terminológico – também ajudou a lançar uma nova luz na problemática central, facilitando a passagem entre os três "atratores", sempre misturados em uma dada organização, para a análise estrutural das três lógicas mais gerais do Estado, da Nação e do Capital.

Reconstruindo agora o saldo do debate a partir da ordem de razões, poderíamos resumir nossas elaborações prévias da seguinte maneira. A conversa se inicia a partir de um ponto consensual: é necessária uma mudança de perspectiva radical em relação ao problema da "unidade da esquerda", de modo que não seja necessária a suposição – empírica e historicamente problemática – de que existiria uma fonte única do pensamento radical emancipatório. O problema da unidade não é, portanto, o problema de um *retorno* a uma "essência" comum tanto quanto uma questão conjuntural e, portanto, estratégica, que depende de aspectos concretos de cada situação política.

No entanto, essa mudança de perspectiva acarreta por si só uma segunda tese, que também enquadrou os termos do debate. Afinal, se existem múltiplas fontes e lógicas para a esquerda, então não é possível confiar na mobilização de uma mesma *imagem* – a imagem do que "é" a esquerda – por diferentes organizações políticas para sermos capazes de mapear suas diferentes dinâmicas. Se a hipótese inicial está correta, então um mesmo discurso ou termo pode ter *funções diferentes* em cada setor da esquerda. Portanto, pensar a multiplicidade de esquerdas é também deslocar a análise da centralidade do discurso para um recorte que dê relevo às diferenças práticas e dinâmicas de cada organização.

Boa parte do debate se desenvolveu em torno dessa segunda questão: quais são as principais perguntas que tornariam inteligíveis as diferenças estruturais entre as esquerdas? Inicialmente, três dimensões foram elencadas: as questões epistemológicas, políticas e ideológicas. Como uma dada organização compreende o mundo a sua volta? Como define seu modo de intervenção política sobre ele? Como justifica para si mesma seus erros e acertos, como visa se apresentar para seus membros e para os demais? Ao longo da conversa, uma quarta dimensão foi introduzida, a saber, a questão de qual a relação com as condições subjetivas e objetivas da vida de seus militantes uma dada organização estabelece – trata-se do problema da reprodução social. Vale notar que, ainda que tenha se formado um consenso ao longo do debate em torno de sua relevância, o valor estratégico desse índice foi um ponto disputado entre os autores: nos capítulos 2 e 4, foi argumentado que as condições de reprodução social dos militantes têm um papel central na relação que a esquerda estabelece com o resto do mundo social, enquanto que nos capítulos 3 e 5, o acúmulo de força social foi pensado em termos da capacidade da esquerda de lidar com as vicissitudes da reprodução social em amplo espectro.

Foi sumariamente notado, no início da conversa, que há um outro mérito decorrente das duas teses fundamentais desse modelo analítico alternativo: partir da multiplicidade das esquerdas e deslocar o foco da análise para um recorte que combine epistemologia, política, ideologia e reprodução social é também propor uma abordagem para o mapeamento da esquerda que utiliza as mesmas ferramentas críticas que são mobilizadas pela própria esquerda na hora de analisar outros fenômenos e sistemas sociais. Operadores analíticos de extrema importância para a análise das formas sociais – como "Capital", "Nação" e "Estado" – podem ser, assim, mobilizados como bússolas na análise da própria esquerda, o que nos permite não apenas enriquecer o modelo com recursos teóricos já bem estabelecidos pela tradição crítica, como também esclarecer a relação histórica entre transformações macrossociais e a emergência de novos desafios localizados para a organização das esquerdas.

Considerações sobre modelagem social

Antes de mais nada, é preciso definir o que queremos dizer por "modelo", já que a questão da modelagem nas ciências sociais é bastante polêmica e diferentes orientações na sociologia levam a abordagens conflitantes entre si[23]. Além disso, essas considerações metodológicas são importantes porque não servem apenas para nos localizar dentre as correntes sociológicas, mas também esclarecem um pouco a relação deste projeto com a política e a prática militante.

Em seu *O Conceito de Modelo*[24], Alain Badiou identifica dois grandes sentidos do termo "modelo": o modelo como algo que é representado – por exemplo, uma pessoa que posa numa aula de desenho – e o modelo como representação de uma parte da

---

[23] Uma introdução à discussão sobre o uso de modelos nas ciências sociais, política e econômica pode ser encontrada em *Modelling and Simulation in the Social Sciences from the Philosophy of Science point of View* (Springer, 1996) e *Handbook of Model-based Science* (Springer, 2017). Recomendamos também o livro *Models as Mediators: Perspectives on Natural and Social Science* (Cambridge, 1999).
[24] Badiou, A. *O Conceito de Modelo*. São Paulo: Estampa, 1972.

realidade – como a maquete de um prédio ou de uma cidade. O primeiro sentido de modelo é mais prescritivo: é algo do real que diz como devemos agir no campo das representações. O segundo sentido é mais descritivo: é uma representação que visa capturar aspectos importantes da realidade. O que Badiou indica, no entanto, é que a grande diferença entre a modelagem nas ciências naturais e nas ciências humanas – antropologia, economia e sociologia principalmente – é que, no primeiro caso, não há ruptura essencial entre o que é representado e a representação, enquanto que, nas humanidades, um dos dois sentidos de modelo é, em geral, essencializado, confundido com o real[25]. Por exemplo, um modelo na física não é algo abstrato que representa algo de concreto – é antes um aparato matemático que representa em termos de um sistema formal as relações igualmente formais *entre números*, esses sim extraídos a partir de experimentos: tanto o que é modelado (uma tabela de correlações numéricas) quanto o modelo (digamos, uma série de equações diferenciais) são estruturas matemáticas. Na antropologia estrutural[26], no entanto, o modelo é uma representação formal da realidade social, sem mediação de um aparato experimental que codifique essa realidade em termos igualmente formais: o que se apresenta é real e o modelo – sejam grupos de Klein ou outras estruturas matemáticas – é meramente formal[27].

---

25 Ian Hacking propõe um argumento parecido em *Representar e Intervir: tópicos introdutórios de filosofia da ciência natural*: Rio de Janeiro, EDUERJ, 2012.
26 Lévi-Strauss, *A noção de estrutura em etnologia*, in Antropologia Estrutural, Rio de Janeiro: Tempo Brasileiro, 1985.
27 A análise das relações tensas entre realidade e teoria nos remete aos nexos complexos, e historicamente determinados, entre linguagem, ideologia e ciência. É também por esta razão que, para Louis Althusser, por exemplo, a *ciência* aparece como a "transformação de uma generalidade ideológica em generalidade científica". In: Althusser, L. *Pour Marx*. Paris: Maspero, 1965, p.189.

Essa diferença é importante porque os problemas da representação e da prescrição são questões centrais na política. Um modelo para a dinâmica das esquerdas que ou se entenda como algo real, em condição de prescrever nossos planos, ou que acredite estar descrevendo imparcialmente a realidade como ela é, invariavelmente entrará em conflito com a lógica interna da política emancipatória, que se pauta tanto pela autodeterminação quanto pela crítica a descrições supostamente imparciais da realidade social. Sendo assim, é preciso avaliar se nossa proposta de um modelo de análise das esquerdas não estaria em conflito com as premissas da própria orientação política que defendemos.

Primeiro, cabe notar que uma possível resposta para a crítica de Badiou ao uso de modelos na sociologia, defendida pelo próprio filósofo, é inserir a prática de modelagem e mapeamento *dentro* dos processos políticos. Assim como nas ciências, em que o modelo e o modelado são formalmente homogêneos – dados numéricos interpretados por outros sistemas formais – também na política é possível imaginar formas de modelagem em que tanto o que é modelado quanto o modelo são igualmente homogêneos entre si. As organizações de esquerda, além de atores de transformação, são também pequenas "maquetes" da sociedade – reproduzem em pequena ou média escala aspectos do mundo social no qual estão inseridos – ao mesmo tempo em que são processos reais, no mundo, que podem ser descritos teoricamente com as mesmas ferramentas que usam para se constituir enquanto organizações. O foco nas organizações, de certa forma, nos permite preservar essa homogeneidade formal entre o que é representado (organizações políticas) e a representação (teorias elaboradas por organizações políticas), ainda que nos obrigue a adotar um conceito de "forma" que não seja matemático ou científico.

É a proposta, por exemplo, do antropólogo e sindicalista Sylvain Lazarus, que, em uma crítica aos próprios fundamentos da sociologia francesa, defende que a validade de um mapa conceitual da política se deriva de sua utilidade no interior do próprio processo político[28]: os verdadeiros conceitos da política não surgem apenas na economia ou na sociologia, mas do diálogo desses campos com a própria luta situada[29] – onde são, ao mesmo tempo, a política encontrando seu lugar no real e o pensamento do que é que está realmente se passando. Acreditamos que nossa proposta atende a esse requisito: antes de mais nada, buscamos pensar a prática das esquerdas utilizando conceitos e ideias extraídas dessas mesmas práticas – o próprio foco no recorte político, epistemológico, ideológico e reprodutivo é, afinal, uma conquista das lutas emancipatórias dos séculos XIX e XX.

Em segundo lugar, além da homogeneidade conceitual entre o que é modelado e o modelo, nossa proposta também concilia uma outra característica dos modelos científicos com as demandas da prática política: a ambivalência entre o descritivo e

---

[28] In my conception of politics in interiority, it is a question of constructing a politics starting from a process that establishes politics in its own dynamic, and not simply by the work of antagonism. When there exists a space in interiority, it develops itself starting from itself and not starting from a "versus." This development, starting from itself, is what one could call a "singularity." The battles, the qualification of adversaries, are in interiority and not issues of a division of the real into friends and enemies. (p. 109). In: Lazarus, Sylvain. *Can politics be thought in interiority?*, in Cosmos and History: The Journal of Natural and Social Philosophy, vol. 12, no. 1, 2016.

[29] A preocupação com o papel epistemológico das lutas sociais é um ponto de contato interessante entre diferentes correntes políticas, ligando, por exemplo, Sylvain Lazarus e a teoria dos saberes situados de Donna Haraway – sobre essa última, ver *Saberes Situados: a questão da ciência para o feminismo e o privilégio da perspectiva parcial* em Haraway, D. (2009). Saberes localizados: a questão da ciência para o feminismo e o privilégio da perspectiva parcial. *Cadernos Pagu*, (5), 7-41 e o texto de Juliana Góes *Ciência sucessora e a(s) epistemologia(s): saberes localizados* em Rev. Estud. Fem. vol.27 no.1 Florianópolis, 2019.

o prescritivo, entre o que já conhecemos e o que podemos vir a conhecer. Um modelo científico que apenas descrevesse propriedades observáveis em um experimento não seria mais que uma representação – o que o torna eficaz é que, ao representar dados de uma certa maneira, relações invisíveis passam a se tornar explícitas e novos experimentos, até então impensáveis, podem ser criados[30]. O modelo que descrevia a realidade se torna provisoriamente uma prescrição de novos aspectos da realidade, criando um circuito virtuoso entre teoria e experimentação em que até mesmo o fracasso de um experimento em comprovar uma hipótese pode produzir informação relevante para a continuidade e transformação da teoria.

Novamente, nossa proposta se adequa a esse requisito: nosso critério de legitimidade não é o da descrição final da realidade das esquerdas, ou de uma prescrição geral sobre o que deve ser feito – em vez disso, buscamos pensar as organizações como experimentos sociais que podem ensinar às próprias esquerdas coisas que permaneceriam invisíveis a uma descrição externa da sua realidade. Mapear as dinâmicas conflitivas, as maneiras como termos mudam de sentido dependendo da lógica que os sobredeterminam, são maneiras de descrever problemas concretos que, além de expandir o alcance da análise social, podem aumentar o escopo de soluções possíveis a serem experimentadas na própria prática militante.

Podemos dizer assim que nossa proposta é a de *um modelo político para as esquerdas que se beneficia de recursos das ciência*

---

[30] Sobre a relação entre modelos e experimentos, recomendamos os trabalhos de Hans Radder, como *The Material Realizaton of Science* (Springer, 1988) e o livro editado *The Philosophy of Scientific Experimentation* (University of Pittsburgh Press, 2003), bem como o trabalho de Uskali Mäki *Models are experiments, experiments are models* no Journal of Economic Methodology 12:2, p.303-315.

sociais[31], interiorizando a riqueza teórica dentro de um dispositivo que integre de uma nova maneira ferramentas conceituais e engajamento e ação: nosso objetivo, e o sucesso dessa empreitada, devem ser medidos não apenas pela capacidade analítica da teoria, mas também pelos efeitos políticos e organizacionais derivados da mobilização política do que estamos propondo aqui.

Princípios do modelo

Antes de reconstruirmos o modelo das esquerdas, elaborado ao longo dos seis capítulos anteriores, é importante descrever cada uma das diferentes premissas que assumimos como base dessa construção. Essa explicitação é importante pois permite ao leitor avaliar se nossa proposta está a altura tanto das restrições metodológicas que levantamos na seção anterior quanto das premissas que justificam o "giro de perspectiva" que tentamos realizar com esse trabalho.

Primeira condição: a primazia do múltiplo

Como já mencionamos, o princípio fundamental dessa proposta é esvaziar a suposição de que haveria uma fonte única daqui-

---

[31] Ótimos exemplos dessa abordagem podem ser encontrados em *Militant Acts: The Role of Investigations in Radical Political Struggles*, de Marcelo Hoffman (SUNY, 2019). Ele resume a relação entre sociologia e militância nessa tradição da seguinte maneira: "Em outras palavras, os métodos não podem ser determinados antes dos objetivos políticos na prática das investigações militantes. Eles decorrem, na verdade, da orientação política da investigação e determinam sua realização. O ponto mais sutil a ser feito aqui é que isso certamente não implica numa ruptura da orientação política com os métodos sociológicos. (...) Seria mais preciso sugerir que as investigações na política radical servem para produzir um saber de uso político, mesmo quando utilizam métodos sociológicos. Ou ainda, que essas investigações empregam e modulam métodos sociológicos para seus propósitos políticos" (p.7, tradução nossa).

lo que chamamos de "esquerda" na modernidade. O debate em torno da "unidade das esquerdas" muitas vezes supõe que essa unidade deveria ser sempre possível – ou mesmo sempre desejável – partindo da premissa de que há algo de essencialmente homogêneo entre as diferentes correntes que se autointitulam "de esquerda". É a mesma premissa que também leva ao corolário de que poderíamos criar uma escala linear de pertencimento à esquerda, indo de organizações que reproduzem fielmente um ideal específico até aquelas que, distantes desse ideal, estariam igualmente distantes desse campo político.

Por outro lado, também não queremos simplesmente suspender o problema da tipologia em nome de uma diferenciação irrestrita. O juízo de que todas as organizações de esquerda são diferentes entre si não é suficiente para permitir pensarmos a singularidade de uma dada organização ou processo político. E nem seria, de fato, um juízo necessariamente verdadeiro: afinal, qualquer intimidade com a prática militante no Brasil contemporâneo permite reconhecer o surgimento de certos problemas e estratégias similares que emergem dentro de organizações que, a princípio, partilham de muito pouco em comum. É interessante, portanto, abandonar a tese de uma gênese comum sem por isso abdicar de ferramentas conceituais que nos permitam reconhecer comunalidades e pontos de equilíbrio.

Uma segunda vantagem de um modelo que parta da multiplicidade para então pensar a unidade é que esse processo de unificação torna-se uma questão localizada, ou seja, parte do que deve ser explicado. Em outras palavras, o jogo dinâmico pelo qual se produzem estabilidades no campo da esquerda torna-se ele mesmo passível de análise no momento em que não supomos que as alianças entre organizações podem contar com uma tendência espontânea à unidade.

Segunda condição: o recorte prático

Também já notamos que há uma relação direta entre o axioma de uma multiplicidade de esquerdas e a necessidade de deslocar o foco da análise do discurso para outros aspectos de sua realidade social. Se os termos e imagens da esquerda circulam entre diferentes espaços, organizados por diferentes lógicas, então é possível que *se refiram a processos distintos* – o que explicaria, por exemplo, as batalhas infindáveis pela interpretação correta de uma palavra de ordem ou pelo sentido de um conceito. Torna-se necessário, então, compreender o sentido de um discurso político não a partir da sua relação com um ideal comum de esquerda, que seria imediatamente acessível, mas a partir de sua inserção em espaços concretos, muitas vezes com diferentes funções. Em outras palavras, nosso modelo precisa privilegiar não apenas o que uma dada organização diz de si, mas o conjunto de práticas nas quais essa representação está situada.

Terceira condição: ecologia de organizações

Ao mesmo tempo, um modelo que admita a heterogeneidade das organizações de esquerda e que aborde essa diferença desde as práticas concretas que constituem essas organizações, precisa também reconhecer que além das relações que se estabelecem entre organizados e suas organizações, e entre organizações e seus objetivos, existe também um sistema dinâmico *entre* organizações – composto de relações estabelecidas entre coletivos, movimentos sociais, partidos, etc. Não é suficiente simplesmente situar um discurso em relação ao espaço em que opera, é preciso ainda entender a maneira como esse espaço se constitui em relações – harmônicas ou conflituais – com outros espaços. Por exemplo, muitas das práticas militantes se justificam, afinal, não pela sua função positiva ou imediata – pelo o que fazem acontecer – mas de forma reativa – como formas partilhadas de evitar o destino, considerado inaceitável, de outras organizações.

Podemos chamar esse conjunto de relações gerais entre organizações de *ecologia organizacional*[32], na medida em que não se tratam apenas de alianças diretas ou de conexões positivas numa rede: até mesmo a distância crítica que uma organização estabelece de outra tendência política na esquerda conta aqui como uma característica relevante e pode contribuir para a constituição de um espaço militante. Ao mesmo tempo, a ideia de um ecossistema é compatível com uma abordagem que privilegie a constituição prática das organizações, já que sugere uma atenção aos processos e relações que possibilitam a sua reprodução material, e não apenas seus objetivos e ideais.

Quarta condição: misturas e escalabilidade

Que existam múltiplas lógicas de esquerda não significa, no entanto, que devamos produzir uma tipologia simplesmente alocando organizações políticas de acordo com cada uma dessas dinâmicas particulares – o que significaria reintroduzir uma espécie de essencialismo hilemórfico em nossa análise, supondo que organizações meramente reproduzem características ideais de acordo com uma dessas tendências subjacentes. Partimos da

---

[32] O conceito de "ecologia organizacional" foi popularizado, com um propósito diferente, de analisar a longevidade de sistemas de organizações, no livro Hannan, M.T. and J. Freeman (1989) *Organizational Ecology.* Cambridge, Massachusetts: Harvard University Press. Seguimos aqui uma outra orientação, que encontramos, por exemplo, no excelente livro de Rodrigo Nunes *Neither Vertical Nor Horizontal: A Theory of Organisation* (Verso, 2021).

premissa alternativa, então, de que cada organização deve ser pensada como um modo singular de mistura dessas diferentes correntes da esquerda. Em outras palavras, uma maneira de conceitualizar a singularidade de uma organização política é atentar aos modos como essa articula, através de diferentes aspectos de sua prática concreta e de sua inserção no ecossistema político, as diferentes "fontes" do pensamento de esquerda.

Outra forma de preservar o pressuposto de homogeneidade em nosso modelo seria assumir que, ainda que existam múltiplas lógicas na esquerda, e diferentes misturas entre elas, essas lógicas seriam, em última instância, de mesma consistência. Esse pressuposto nos levaria a restringir as formas de imbricação entre diferentes lógicas, assumindo que elas necessariamente competem entre si, quando na verdade organizações podem apresentar dinâmicas diferentes *em escalas diferentes*. É possível encontrar, por exemplo, partidos internamente organizados de forma voluntarista, cuja participação política na sociedade é parlamentar e profissional e cujo discurso rejeita tanto o heroísmo individual quanto a legitimidade do dinheiro. Faz parte do que é singular em uma tal organização os modos que encontram para articular essas diferentes lógicas – dinâmicas que poderiam estar em conflito direto, caso operassem na mesma escala e âmbito de atuação.

Dessa maneira, a plasticidade do modelo depende de sua capacidade de diferenciar misturas e de reconhecer as diversas escalas que compõem o espaço de uma organização.

Quinta condição: homogeneidade teórica

Finalmente, uma última e fundamental premissa de nossa abordagem – que garante a coerência metodológica elaborada na segunda seção deste capítulo – diz respeito à decisão de mobilizar em nosso modelo os recursos teóricos elaborados pelas próprias esquerdas. Fizemos a escolha deliberada de apresentar as quatro premissas anteriores sem referência direta a conteúdos específicos – sem nomear as diferentes lógicas ou o recorte de suas práticas, etc. – pois isso nos permite explicitar a necessidade de avaliar se há compatibilidade entre as possibilidades figuradas por nosso modelo e a riqueza conceitual acumulada pelas diferentes abordagens teóricas que embasam as próprias organizações políticas.

Cabe notar, no entanto, que a premissa de uma multiplicidade de esquerdas afeta profundamente esse novo critério. Não havendo uma gênese comum da esquerda, não há também meios de garantir que diferentes enquadres teóricos, igualmente consistentes, sejam compatíveis entre si – ou mesmo que uma dada abordagem, já constituída, seja abrangente o suficiente para reconhecer a autonomia de outras lógicas e, portanto, a legitimidade de outras formas de organização da luta política. A premissa de preservar a homogeneidade entre as teorias mobilizadas pelas esquerdas e o enquadre teórico de nosso modelo produz, assim, problemas conceituais interessantes – e talvez sem uma resolução imediata – a respeito de como compatibilizar aportes teóricos que foram construídos dentro de diferentes tradições teóricas e que portanto oferecem recortes diferentes de uma mesma realidade. De certa maneira, essa hipótese redobra, para dentro da discussão teórica, o problema da organização de espaços lógicos possivelmente incomensuráveis: desenvolver ferramentas teóricas para navegar a fricção entre teorias também é, portanto, contribuir para pensar a fricção organizacional entre esses espaços.

O modelo das três dimensões da esquerda

Se as quatro primeiras condições que elencamos apresentam o "esqueleto" do modelo, é a quinta que orienta como podemos dar "carne" a ele. Afinal, trata-se de buscar, nas diferentes tradições teóricas das esquerdas, recursos que nos permitam atender às demandas que os demais princípios de análise nos colocam. Como mencionamos, a escolha por apresentar as premissas gerais antes de discutir formulações teóricas específicas nos permite avaliar melhor algumas das opções conceituais que fizemos – e também abre a possibilidade de que o leitor reconheça outras formas de compatibilizar, a partir do arcabouço crítico da esquerda, as premissas que elencamos aqui.

Partimos agora para a especificação do modelo de análise das esquerdas que surgiu como produto deste debate.

A prioridade do múltiplo: as três fontes da esquerda

Em nosso modelo, definimos as diferentes lógicas das esquerdas a partir das três dimensões amplamente reconhecidas como constitutivas do espaço social moderno: o *Estado*, a *Nação* e o *Capital*. Cada um desses conceitos torna inteligível um aspecto diferente do complexo social: a lógica institucional do Estado, a lógica comunitária da nação e a lógica da valorização do capital[33]. Mais do que conceitos particulares, Estado, Nação e Capi-

---

[33] Como mencionado anteriormente, no capítulo 2, utilizamos aqui alguns dos insights fundamentais do projeto do marxista japonês Kojin Karatani, que, em seu livro *The Structure of World History* (Duke Press, 2014), sugere que pensemos cada formação social singular como a mistura local de diferentes "modos de intercâmbio", que ele denomina por letras: modo A, baseado na dádiva, modo B, baseado no contrato social, modo C, baseado na troca mercantil. Karatani adiciona um quarto modo D, que relaciona à religião e

tal são também perspectivas diferentes sobre a totalidade desse complexo, razão pela qual a adoção de uma dessas perspectivas em geral coloca, tanto para o teórico quanto para uma dada organização política, o desafio de explicar como as outras duas esferas sociais dependem daquela que foi privilegiada.

Algumas correntes do marxismo, por exemplo, tendem a privilegiar quase exclusivamente a lógica da valorização e assumir, por causa de sua ubiquidade, que as dimensões nacionais e estatais devem ser reduzidas e explicadas pela lógica do valor: a lógica da nação, nesse caso, seria um efeito da revolução industrial, e não teria uma autonomia e historicidade própria. Correntes ligadas à análise durkheimiana das instituições, por outro lado, por vezes propõem reduzir a singularidade do processo de valorização às especificidades da instituição do direito e da propriedade privada na modernidade – assim como análises históricas centradas nas relações étnicas e raciais podem caracterizar o capitalismo como um veículo no processo colonizador, movido pela força de expansão territorial e cultural. São também conhecidas as análises histórico-institucionais, de cunho culturalista, em que a lógica da acumulação ganha autonomia no interior de mudanças nos sistemas valorativos, particularmente ético-religiosos, processo acompanhado e reforçado pela racionalização crescente das formas de dominação política e organização da vida econômica. Outras abordagens, por sua vez, assumiram a existência de duas lógicas separadas – por exemplo, a lógica do capital e a lógica do Estado – e tentaram derivar daí a função da lógica sobressalente, concluindo que o nacionalismo se exaure em sua função de mediação entre a formação do mercado interno e as relações geopolíticas internacionais.

---

ao socialismo, que seria baseado na troca igualitária – mas que permaneceria acessório na história mundial, até agora pelo menos.

Para nós, no entanto, a própria dificuldade de compatibilização entre essas três lógicas aponta para sua validade enquanto pontos de partida concomitantes: é justamente porque tanto análises que privilegiam o Estado quanto que privilegiam a Nação ou o Capital são igualmente possíveis que é preciso reconhecer – na esteira de uma ampla confirmação antropológica[34], sociológica[35] e filosófica[36] – que se tratam de três lógicas diferentes, irredutíveis uma às outras, e que no mundo moderno se coadunam e se retroalimentam de formas específicas, constituindo essa "trindade" que leva o nome de Estado-Nação capitalista. A necessidade de abstrair das misturas e das formas de imbricação entre as três lógicas para tornar inteligível a consistência própria de uma delas – reconhecível no trabalho de diferentes teóricos e na visão de mundo de diferentes organizações – torna-se assim metodologicamente compreensível, bem como torna-se possível discriminar as diferentes formas com que princípios

---

[34] Remetemos o leitor a um caso exemplar de investigação antropológica acerca do nó górdio entre Estado, Nação e Capital em Macedo, Eric. Tese de doutorado, *Altamira: Ensaio Histórico-maquínico sobre a Colonização*. Museu Nacional, Rio de Janeiro, 2017.

[35] Podemos considerar aqui os trabalhos de Samir Amin – como *Unequal Development: An essay on social formations of peripheral capitalism* (Monthly Review Press, 1976) – Fernand Braudel – sua trilogia *Civilização material, economia, capitalismo* (Martins Fontes, 1995) – e o estudo paradigmático sobre a interação entre diferentes tipos organizacionais na formação social de Florença durante a Renascença: Padgett, J. & McLean, P. (2006) *Organizational Invention and Elite Transformation: The Birth of Partnership Systems in renaissance Florence* em AJS Volume 111 N.5 (March 2006), p.1463-1568. No Brasil, um ótimo exemplo de uma análise sociológica que considera múltiplos regimes normativos simultaneamente é o artigo de Gabriel Feltran *O valor dos pobres: a aposta no dinheiro como mediação do conflito contemporâneo* Cad. CRH [online]. 2014, vol.27, n.72, p.495-512.

[36] A diferenciação entre sociedade civil, Estado e cultura já aparece na obra de Hegel – mas sua dinâmica é transistoricizada. Mais recentemente, filósofos tão diversos quanto Althusser e Deleuze também elaboraram teorias desse sistema de normatividades complexas.

comunitários, institucionais e econômicos interagiram ao longo da história pré-capitalista.

Poderíamos separar, então, três fontes diferentes da sociabilidade moderna – Nação, Estado e Capital – de acordo com as três lógicas que se articulam nesse complexo social[37]:

1) *A lógica comunitária*, que organiza o espaço de trocas recíprocas[38]. Sua forma moderna está ligada à nação[39], de onde se origina uma forma específica de relação entre etnicidade, território e identidade, mas, de forma mais geral, trata-se do espaço das relações de parentesco e de comunidades que mantém a desigualdade de poder e riqueza em cheque[40], constituídos em torno de uma mitologia ou narrativa comum.

2) *A lógica institucional*, que organiza o espaço das trocas contratuais[41]. Sua forma moderna está ligada ao Estado de Direito, com bases na noção de propriedade privada e de código legal[42], mas de forma mais geral, trata-se do espaço

---

[37] Seguimos aqui, como mencionado anteriormente, a distinção proposta por Kojin Karatani em *The Structure of World History* (Duke Press, 2014).

[38] Mauss, M. *Ensaio sobre a Dádiva* (Cosac Naify, 2013), Strathern, M. *O Gênero da Dádiva* (Unicamp, 2007) - veja também o ensaio de Eduardo Viveiros de Castro *The gift and the given: Three nano-essays on kinship and magic* em Bamford, Sandra C., Leach, James (ed) *Kinship and beyond: the genealogical model reconsidered* (Berghahn Books, 2009).

[39] Karatani, K. *Nation and Aesthetics: On Kant and Freud* (Oxford University Pres, 2017), Anderson, B. *Comunidades Imaginadas* (Companhia das Letras, 2008) - veja também o artigo de Paulo Arantes *Nação e Reflexão* em Benjamin, A. e Salete de Almeida, C. (orgs.) *Moderno de Nascença: configurações críticas do Brasil* (Boitempo, 2006).

[40] Clastres, P. *A sociedade contra o Estado* (Ubu Editora, 2017) – veja também Tible, J. *Marx selvagem* (Autonomia Literária, 2018).

[41] Hobbes, T. *Leviatã* (Abril Cultural, 1983), Rousseau, J.-J. *O Contrato Social* (LPM, 2007).

[42] Poulantzas, N. *O Estado o poder, o socialismo* (Graal, 2000), Pachukanis, E. *Teoria geral do direito e marxismo* (Boitempo, 2017) – veja também Mascaro,

definido por relações de pilhagem e redistribuição, que encontramos tanto nas cidades-Estado antigas, quanto na forma de dominação imperial e na forma do direito moderno[43].

3) *A lógica do valor*, que organiza o espaço das trocas mercantis[44]. Sua forma moderna, consolidada, é definida pela comoditização socialmente generalizada de três "mercadorias fictícias"[45] – dinheiro, terra e trabalho – o que permite formas de extração de mais-valia no interior da produção, mas de forma mais geral, trata-se do espaço definido pelas relações impessoais entre mercadorias que atravessam regimes de equivalência de valor[46], encontradas tanto na sociedade capitalista quanto em muitas outros espaços de intercâmbio, da "troca silenciosa"[47] até o mercantilismo colonial.

Em analogia à lógica matemática, poderíamos dizer que cada uma dessas lógicas é completa – no sentido de que cada forma de intercâmbio cobre a totalidade de um espaço social e, ao adotar sua perspectiva, adotamos um olhar sobre o todo das relações sociais, o que inclui também diferentes relações naturais e com a natureza. Mas, ao mesmo tempo, cada uma possui suas próprias inconsistências internas: a lógica da reciprocidade, sem a intromissão de outras formas de troca, leva ao para-

---

A.*Estado e forma política* (Boitempo 2013).
43 Veja, por exemplo, Wittfogel, K. *Oriental Despotism: A comparative Study of Total Power* (Yale University Press, 1957).
44 Marx, K. *Capital, volume 1* (Boitempo, 2015), Rubin, I. *Essays on Marx's theory of value* (Harper Collins, 2007).
45 Polanyi, K. *A Grande Transformação: as Origens da Nossa época* (Campus, 2000).
46 Karatani, K. *Marx: Towards the Centre of Possibilities* (Verso, 2020).
47 De Moraes Farias, P. (1974). *Silent Trade*: Myth and Historical Evidence. History in Africa, 1, 9-24.

doxo do *sacrifício*[48] – isto é, de um dom cujo conteúdo não é um ganho para o outro, mas uma perda para mim –; a lógica do contrato social leva ao paradoxo da *soberania*[49] – pois aquele que faz valer a lei está simultaneamente fora e dentro do regime normativo que inaugura –; e a lógica da valorização leva ao paradoxo do *trabalho abstrato*[50] – o valor da força de trabalho é ao mesmo tempo essencial e descartável pelo processo de valorização do capital social total. Essa contradição inelimável de cada lógica constitui o ponto em que uma delas pode vir a se valer do suporte das demais[51]: por exemplo, a contradição do trabalho abstrato é estabilizada, ou controlada, numa sociedade em que trabalhadores e capitalistas se encontram no mercado em pé de igualdade jurídica, ambos como proprietários negociando suas mercadorias, assim como a contradição entre soberania popular e expansão imperialista pode se estabilizar através da consolidação de um mercado interno.

Além da "sutura" de uma inconsistência por meio de outra lógica, é possível também identificar diferentes formas em que essa instabilidade interna de cada espaço lógico se apresenta enquanto tal: o extremo da reciprocidade emergindo como *guerra*, o limite da lógica do pacto social emergindo como *revolução* e o limite da valorização emergindo como *crise*[52]. Cada

---

48 Goux, J., Wychogrod, E. e Boyton, E. (ed) *The Enigma of Gift and Sacrifice* (Fordham Press, 2002).
49 Agamben, Giorgio. *Bataille e o paradoxo da soberania. outra travessia*, Florianópolis, n. 5, p. 91-94, jan. 2005.
50 Postone, M. *Tempo, Trabalho e Dominação Social* (Boitempo, 2014), Vincent, J.-M *Abstract Labour: A critique* (Palgrave Macmillan, 1991) – veja também Krause, U. *Money and Abstract Labour* (Verso, 1982).
51 Karatani, K. *The Structure of World History* (Duke Press, 2014) p.1.
52 A relação entre Capital-Estado-Nação e Crise-Revolução-Guerra foi explorada em Tupinambá, G. *Um pensador na Periferia da História* Revista Porto Alegre, 2020, vol.1.

um desses três polos extremos é efeito da própria lógica em que se manifesta, emergindo ali onde as demais não intervém para garantir a consistência desse espaço. Ao mesmo tempo, essas formas instáveis não são impeditivos absolutos ao enlace com outras lógicas – como, por exemplo, as formações periféricas do capitalismo nos mostram muito bem, são possíveis articulações que se beneficiam da crise, da guerra e da contrarrevolução permanente[53].

Finalmente, uma dada formação social concreta pode ser pensada como a mistura e articulação das três lógicas, onde uma estabiliza as inconsistências das demais, num sistema complexo. Essa abordagem nos permite distinguir uma enorme gama de amarrações variadas, determinando de diferentes maneiras a singularidade de cada formação social.

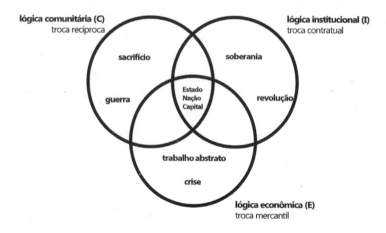

Figura 1: esquema básico das três lógicas e suas propriedades

---

53 Uma abordagem que explora a maneira como crise, guerra e revolução podem criar uma forma social "estável" pode ser encontrada em *O Novo Tempo do Mundo*, de Paulo Arantes (Boitempo, 2014).

Como mencionamos, nada impede que um complexo social encontre um "ponto de estabilização" a partir da instabilidade do outro, com uma guerra reforçando a consistência do Estado, por exemplo, ou mesmo a retroalimentação entre todos pontos críticos de cada polo, de modo que uma guerra civil perpétua dê suporte a uma contrarrevolução constante e uma forma de lucratividade adequada a uma crise igualmente sem fim. À luz dessas possíveis articulações, vemos que inúmeras montagens das três lógicas são possíveis – variando a lógica dominante, a forma de subordinação das demais, a prevalência de suas formas estáveis ou instáveis:

Lógica dominante	Lógica secundária	Lógica terciária	Lógica dominante	Lógica secundária	Lógica terciária	Lógica dominante	Lógica secundária	Lógica terciária	Lógica dominante	Lógica secundária	Lógica terciária
C	I	E	¬C	I	E	C	¬I	E	C	I	¬E
C	E	I	¬C	E	I	C	¬E	I	C	E	¬I
I	C	E	¬I	C	E	I	¬C	E	I	C	¬E
I	E	C	¬I	E	C	I	¬E	C	I	E	¬C
E	I	C	¬E	I	C	E	¬I	C	E	I	¬C
E	C	I	¬E	C	I	E	¬C	I	E	C	¬I

Lógica dominante	Lógica secundária	Lógica terciária	Lógica dominante	Lógica secundária	Lógica terciária	Lógica dominante	Lógica secundária	Lógica terciária	Lógica dominante	Lógica secundária	Lógica terciária
¬C	¬I	¬E	C	¬I	¬E	¬C	I	¬E	¬C	¬I	E
¬C	¬E	¬I	C	¬E	¬I	¬C	E	¬I	¬C	¬E	I
¬I	¬C	¬E	I	¬C	¬E	¬I	C	¬E	¬I	¬C	E
¬I	¬E	¬C	I	¬E	¬C	¬I	E	¬C	¬I	¬E	C
¬E	¬I	¬C	E	¬I	¬C	¬E	I	¬C	¬E	¬I	C
¬E	¬C	¬I	E	¬C	¬I	¬E	C	¬I	¬E	¬C	I

Nota: as formações capitalistas aparecem aqui como as 16 composições em que a lógica dominante é E ou ¬E

Figura 2: combinatória das lógicas C, I e E - e suas negações (¬)

Esse extenso quadro combinatório – cujas possíveis misturas excedem inclusive as caracterizações canônicas das formações sociais – serve aqui apenas ao propósito de demonstrar que as

135

premissas com que operamos podem aumentar nosso poder de discernimento da singularidade de diferentes formas sociais, ao invés de reduzi-lo ao subscrever a "apenas" três lógicas fundamentais. São possíveis, afinal, pelo menos 16 maneiras diferentes de articular Nação, Estado e Capital em uma formação capitalista – isto é, onde a lógica da valorização seja a dominante – apenas considerando os diferentes modos com que essas três lógicas constituem um sistema unitário e sem levar em conta, por enquanto, a diferenciação adicional produzida pelas relações espaciais como centro-periferia, metrópole-margem, etc.

Colocando em prática agora o princípio da homogeneidade teórica, nossa divisão em três dimensões diferentes do complexo social – amplamente elaborada e mobilizada por diferentes teorias críticas – precisa nos permitir pensar também uma gênese múltipla para as esquerdas. No entanto, para passar da descrição de cada uma dessas lógicas como estruturas sociais mais gerais para tendências que informam a estruturação das esquerdas, é preciso adicionar um operador de negação que nos permita distinguir organizações coletivas em geral das organizações políticas de esquerda especificamente. Podemos assim qualificar de "esquerda" uma organização que se relaciona de maneira negativa com *pelo menos uma* das três lógicas sociais que elencamos:

> 1) A lógica da esquerda comunitária, definida como negação da lógica da nação – isto é, pelo foco nas formas de opressão e segregação, pela aposta na superação do paradoxo da soberania e do trabalho abstrato pela via da reciprocidade, pelo esforço crítico de diferenciar comunidade de identidade nacional, ou mesmo de refundar a imaginação nacional sob novas bases.

2) A lógica da esquerda institucional, definida como negação da lógica do Estado – isto é, pelo foco nas formas de expropriação e ruptura do pacto social, pela aposta na superação do paradoxo do sacrifício e do trabalho abstrato pela via da participação no Estado, pelo esforço crítico de diferenciar o bem público da burocratização da política, ou mesmo de refundar o Estado sob uma nova forma.

3) A lógica da esquerda econômica, definida como negação da lógica do valor – isto é, pelo foco nas formas de exploração e pauperização, pela aposta na superação do paradoxo do sacrifício e da soberania pela via da transformação da esfera produtiva, pelo esforço crítico de diferenciar o labor concreto do trabalho abstrato, ou mesmo de refundar a organização produtiva sob novas bases.

É crucial enfatizar que, não apenas essa descrição sumária deixa de fora aspectos importantes de cada uma dessas lógicas, mas também que, a rigor, não existe nenhuma organização de esquerda que defenda uma versão pura de uma dessas três formas de negação e nem que as negue de maneira puramente abstrata, sem mediação das misturas sociais nas quais estão inseridas. Do mesmo modo que uma formação social moderna é definida como uma articulação entre as dimensões entre Estado, Nação e Capital, essa caracterização também se reflete nas esquerdas, igualmente compostas por misturas dessas diferentes lógicas e suas formas de negação – razão pela qual não faria sentido diferenciar lógicas "socialistas", "feministas" ou "decoloniais" nesse nível primário de análise.

Essas considerações nos permitiram, inclusive, propor uma nova definição geral de "esquerda" que apresenta grande elasticidade, uma vez que podemos distinguir não apenas entre as negações de diferentes formas sociais, como também entre diferentes formas de negá-las: a negação de uma ou múltiplas lógicas, a negação sobredeterminada pela forma de instabilidade de uma lógica, a negação que apenas propõe uma alteração de qual lógica é dominante, etc. Assim, na margem externa da esquerda, podemos distinguir, por exemplo, organizações que não rompem efetivamente com nenhuma das três lógicas, apenas negando a *dominância* de uma lógica em favor de outra – razão pela qual são, em certo sentido, consideradas socialmente como "antiestablishment": é o caso de movimentos anarcocapitalistas, que criticam o Estado em nome das lógicas comunitárias e econômicas, mas não o fazem para efetivamente negar a organização social atual em nome de um novo espaço social, mas para propor um rearranjo entre as forças existentes. Podemos distinguir, em seguida, as organizações que confundem a negação de uma dada lógica com o elogio de sua desestabilização interna, por exemplo, defendendo a guerra contra a unidade nacional, apesar da guerra ser parte constitutiva dessa mesma lógica – aqui a nomeação de "esquerda" já não vem necessariamente de um opositor, uma vez que a organização compreende a si mesma como negando o mundo social existente, ainda que de maneira sobredeterminada por ele. Podemos reconhecer, ainda, organizações que priorizam a negação de uma lógica específica – por exemplo, a negação da lógica da valorização – enquanto reproduzem relações comunitárias e institucionais já estabelecidas, assim como reconhecer organizações que criticam a amarração entre duas lógicas em nome de uma terceira – por exemplo, organizações socialistas do começo do século XX, que se apoiavam numa visão de Estado que permitiria a ruptura do pacto entre comunidades aristocráticas e o capital. Finalmente, podemos postular a existência de esquerdas que se organizam pela ruptura concomitante com as três lógicas sociais – ainda que o caráter dessa negação seja um assunto difícil, e retornaremos a ele na última parte desse capítulo, uma vez que seria necessário estudar se isso implica o apelo a uma quarta lógica social, igualmente autônoma, de onde a consistência dessa posição seria pensável.

Em todo caso, podemos, com os recursos teóricos que já elaboramos, construir um esquema mínimo que diferencia três lógicas de esquerda a partir de três negações diferentes do complexo Estado-Nação-Capital:

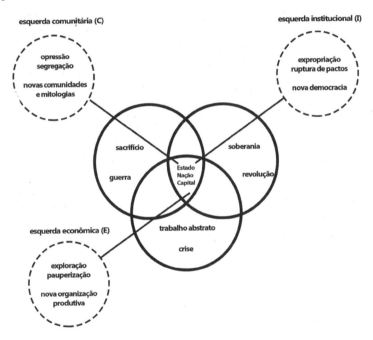

Figura 3: esquema básico das três lógicas das esquerdas

Cabe notar, ainda, que as mesmas contradições internas encontradas na expressão macrossocial dessas diferentes lógicas também reaparecem como desafios internos nas organizações que aderem em maior grau a um desses polos estruturantes. Por exemplo, o paradoxo do sacrifício é um desafio importante para organizações que reproduzem muito fielmente a tendência comunitária e dependem em excesso do voluntarismo heroico, transformando a perda e esforço do militante no principal sinal de sua adesão a uma comunidade política; assim como o paradoxo da soberania também afeta organizações que, pela via institucional, estabelecem para si regimes impessoais de conduta que, por vezes, não se aplicam àqueles que estabeleceram essas próprias normas[54].

A prática efetiva: quatro recortes

Ao longo do debate, elaboramos também especificações para o que chamamos de segunda condição de nosso modelo, o recorte analítico que privilegia as práticas concretas das esquerdas. Por "recorte" podemos entender aqui as questões que nos auxiliam a deslocar nossa análise do discurso e da representação imediata oferecida pelas organizações e militantes para outras características mais constitutivas desses espaços. Iniciamos a discussão elencando três tipos de questões:

1) O aspecto *epistemológico:* como uma dada organização conhece a realidade social? Quais conceitos considera e mobiliza na explicação da realidade, e quais conceitos determinam os fenômenos a serem explicados?

---

[54] Alguns exemplos de análises que mobilizam esse tipo de contradição: Baltazar, Bernadete. *Os encontros e desencontros da militância e da vida cotidiana*. Psic.: Teor. e Pesq. [online]. 2004, vol.20, n.2, pp.183-190, Sales, A. L. L. F., Fontes, F. F. & Yasui, S. (2019) *Militância e Ativismo no Brasil depois de Junho de 2013: entre Repertórios, Estratégias e Instituições*. Psicologia Política, 19(45), p. 154-169, Gaxie, D. *Rétributions du militantisme et paradoxes de l'action collective*. Revue Suisse de Science Politique, v. 11, n. 1, p. 157-188, 2005.

2) O aspecto *político*: como uma dada organização atua sobre a realidade social? Como estrutura suas intervenções, seus movimentos táticos e sua visão estratégica?

3) O aspecto *ideológico*: como uma dada organização se representa para si mesma e para os outros? Como entende sua própria inserção na sociedade? Como trata suas próprias contradições?

Ao longo da discussão, no entanto, argumentou-se que há uma quarta dimensão a ser adicionada ao recorte das práticas das esquerdas, que concerne o entrelaçamento entre a sobrevivência e a organização social:

4) O aspecto da *reprodução social:* como uma dada organização lida com as condições materiais da vida dos organizados? Como a participação em sua dinâmica influi no dispêndio de tempo e esforço de uma pessoa? De que forma uma organização depende de dinâmicas sociais e ecológicas mais gerais para sua própria manutenção?

Essas quatro abordagens estão conectadas entre si, na medida em que as respostas para cada uma dessas questões podem tanto se implicarem mutuamente quanto se mostrarem diretamente incompatíveis: questões sobre como intervir politicamente podem depender de um enquadre teórico, assim como contradições entre premissas políticas e formas de reprodução social podem ser conciliadas ideologicamente, etc. Além disso, essas questões nos permitem investigar as maneiras como as três lógicas gerais que identificamos se misturam localmente em um dado espaço organizacional. Por exemplo, é possível que existam organizações que respondem a questões epistemológicas

141

lançando mão de conceitos advindos da economia política ou do marxismo, mas que pensam suas formas de intervenção políticas de maneira predominantemente institucional, com foco na disputa eleitoral, ao mesmo tempo em que dependem para sua reprodução das relações pessoais e comunitárias que estabelece – mistura essa que influi, por sua vez, na maneira como essa organização representa para seus membros e para a sociedade as suas contradições e inconsistências próprias[55].

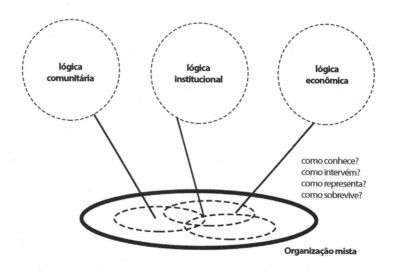

Figura 4: quatro abordagens localizando as misturas organizacionais

Ecologia das organizações: o papel dos conflitos e das alianças

Nosso terceiro princípio analítico diz respeito às relações entre o interior e o exterior das organizações. É necessário conside-

---

[55] Um exemplo desse tipo de dinâmica pode ser encontrado em Seidl, E. *Notas sobre ativismo juvenil, capital militante e intervenção política* em Revista Política e Sociedade, vol.13 n28 (2014).

rar essas relações de maneira dinâmica, e não apenas como um efeito posterior de um sistema composto de muitas organizações, pois sustentamos a possibilidade de que a estabilidade interna de uma organização dependa das relações que estabelece com o campo político em geral, de modo que o interior pode ele mesmo ser efeito das relações externas que mantém.

Fazendo uso das especificações anteriores, antecipamos situações em que as respostas para questões epistemológicas de uma dada organização não passem apenas pela sua própria prática, mas decorram da análise que faz das práticas e imaginários de outros coletivos, partidos ou movimentos sociais. É o caso, por exemplo, de pequenos coletivos que pautam sua visão do espaço político a partir do destino de grandes partidos de esquerda: apesar de operarem de forma pouco institucional, focando na transformação comunitária, a base de sua compreensão da realidade é sustentada pela referência a conceitos que se aplicam melhor a outras formas de organização política. Em outras palavras, nosso modelo inclui a possibilidade de formas de organização "supersticiosas", isto é, que se definem a partir daquilo que *supõem ser a crença dos outros*[56] – razão pela qual não raramente dois blocos opostos na esquerda afirmam a si mesmos como "democráticos", criando rituais para espantar o autoritarismo que imputam a outras organizações, ainda que nenhuma organização se identifique positivamente com a crença num socialismo autoritário.

Ao mesmo tempo, nossa concepção de espaços lógicos que encontram saídas para suas inconsistências em suas articulações com outras lógicas sociais pode se instanciar tanto dentro de uma mesma organização – que, por exemplo, resolve a contradição entre sacrifício militante e exploração do trabalho

---

[56] Pfaller, R. *On Pleasure Principle in Culture: Illusions without Owners* (Verso, 2014).

por meio dos recursos financeiros de um gabinete parlamentar – quanto na relação entre espaços militantes diferentes. Seria o caso, por exemplo, de partidos políticos que, não encontrando justificativa para suas táticas políticas nos efeitos dessas ações, encontram-na, no entanto, no fracasso das organizações que se orientam de outra maneira – seja no fracasso de coletivos centrados no comunitarismo ou na inocuidade de grandes emblemas revolucionários.

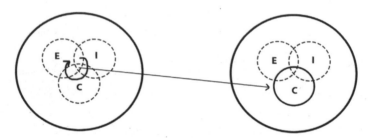

exemplo 1: a dinâmica de uma organização a leva a imputar uma crença ou funcionamento à outra organização

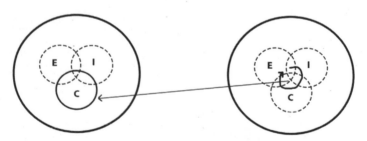

exemplo 2: a dinâmica em outra organização leva, por contraexemplo, um coletivo a se estruturar de outra maneira

Figura 5: relações externas que produzem estabilidades interna

Nossa concepção de três grandes polos ou lógicas sociais – que, como mencionamos, podem se reforçar tanto positivamente quanto encontrar equilíbrios através de suas faces destrutivas, como a guerra ou a crise – já sugere que há espaço em nosso modelo para considerarmos não apenas alianças como também desavenças e rupturas como fatores relevantes na constituição do espaço interno de uma organização e na estabilidade dinâmica do próprio ecossistema organizacional. Isso nos permite compatibilizar a análise das misturas que compõem uma organização com o reconhecimento de que – dependendo de como se estruturam as dimensões comunitárias, estatais e econômica nas práticas epistêmicas, ideológicas, políticas e reprodutivas – diferentes *regiões* podem se formar no ambiente político, como subsistemas que se constituem tanto por suas composições semelhantes quanto por se afastarem das mesmas misturas. Dessa forma, ainda que não existam organizações que reproduzam apenas uma lógica social, é possível reconhecer a emergência de blocos dentro do ecossistema das esquerdas que possivelmente reproduzem de forma aproximada a separação entre as lógicas comunitárias, institucionais e econômicas.

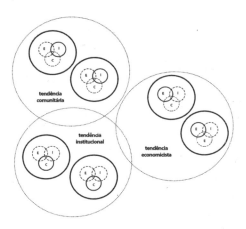

Figura 6: misturas locais e tipologias regionais definidas pelas diferentes lógicas dominantes em cada organização.

Misturas e escalabilidade: a composição de múltiplas abordagens

É muito importante notar que os espaços lógicos organizados em torno da lógica comunitária, institucional e econômica não se referem necessariamente às mesmas *escalas* temporais e espaciais. Existem muitas maneiras de diferenciar o modo como o tempo e o espaço se articulam para cada uma dessas lógicas: podemos considerar, por exemplo, as diferentes temporalidades em jogo no imaginário nacionalista, na geopolítica internacional e nos ciclos econômicos; ou as diferentes lógicas que separam interior e exterior no caso das comunidades e culturas, das relações entre Estados modernos ou no caso do "desenvolvimento desigual e combinado" interno a um modo de produção.

Do ponto de vista de nosso modelo, que visa utilizar esses três grandes "atratores" do complexo social para pensar as misturas internas e o ecossistema de organizações, talvez seja mais útil abordar a dimensão da escala de outra maneira, partindo da estrutura mínima das diferentes relações de poder[57] que constituem cada uma dessas lógicas – diferentes "unidades" de poder dão origem, afinal, a diferentes escalas de análise dessas relações atômicas.

Do ponto de vista da lógica comunitária, a troca recíproca implica numa forma de poder em que ambos os polos da relação são iguais – condição para a reciprocidade – e é a dinâmica da própria relação que define a diferença entre o que é relacionado: por exemplo, uma dívida entre duas pessoas é o que define quem é o devedor e quem é o credor, não o inverso. Ainda que possa se desenvolver em redes relacionais complexas, a forma mínima da relação de reciprocidade é *dual*, uma vez que é

---

[57] Continuamos aqui na trilha de *The Structure of World History* (Duke Press, 2014).

possível diferenciar as posições entre pessoas diretamente pela relação que lhes atribui papéis diversos. É por isso que, para tornar relações comunitárias inteligíveis, bem como a forma de poder que lhes é própria, é preciso adotar uma distância específica do sistema social em questão: uma "resolução" em que essa forma dual possa ser apreendida e as pessoas sejam concebidas como indistintas *até* que as relações que estabelecem entre si organizem suas distinções e lugares sociais. Uma escala de análise que reduza populações a variações estatísticas, por exemplo, ou para a qual a escassez de bens materiais sobredetermine o sentido das relações entre humanos e não-humanos, seria incompatível com essa lógica – razão pela qual a etnografia e a antropologia são, aqui, ferramentas privilegiadas[58].

A forma de poder própria à lógica institucional se organiza a partir de outra estrutura. A igualdade operada pelo contrato social é exemplar aqui, na medida em que explicita sua dependência em um terceiro: duas pessoas se relacionam como iguais entre si na medida em que abdicam de algo na relação com um terceiro polo – seja um acordo comum, seja a figura de um soberano ou uma constituição republicana. A igualdade jurídica, em sua forma mínima, depende assim de uma estrutura *ternária* – enquanto a igualdade comunitária é possível entre duas pessoas. Uma análise da realidade social que ignore a precedência dessas mediações sociais – instituições, contratos, normas, formas de governo – sobre a interação entre pessoas não será

---

[58] Para discussões mais aprofundadas a respeito do conceito de escala na antropologia: Strathern, Marilyn. *Ambientes internos: um comentário etnográfico sobre a questão da escala*, in Efeito Etnográfico, São Paulo: Cosac Naify, 2014; Arizpe, Lourdes. *Scale and Interaction in Cultural Processes: Towards an Anthropological perspective of Global Change*, in L. Arizpe (Org.), The Cultural dimensions of Global Change: Anthropological Approach, Paris: Unesco Publishing, 1996.

capaz de tornar inteligível o funcionamento e os impasses da lógica institucional – razão pela qual métodos sociológicos que desconfiam da imediatez das relações interpessoais, em favor da história das instituições, tendem a ser privilegiados aqui[59].

Finalmente, o poder na lógica da valorização também opera de maneira distinta em termos de sua numericidade. Nem a relação dual, entre pessoas, nem a relação ternária, mediada pela propriedade privada e a forma jurídica, captura a forma mínima da troca de mercadorias. A igualdade, na lógica do valor, não relaciona pessoas diretamente, mas apenas por intermédio de coisas: trata-se de uma igualdade quantitativa entre mercadorias que depende da desigualdade qualitativa entre os portadores das mercadorias. Só há troca mercantil onde a equivalência entre produtos não depende da equivalência entre vendedores – dois vendedores equivalentes, isto é, que vendem a mesma mercadoria, não trocam entre si. A estrutura da "dominação impessoal"[60] em jogo na troca mercantil, portanto, opera com pelo menos quatro elementos: dois produtores/possuidores e duas mercadorias, onde os dois primeiros precisam permanecer distintos e as duas mercadorias precisam se tornar equivalentes. É essa análise simultânea das esferas da *troca* e da *produção* de mercadorias, por produtores independentes, em diferentes condições de produção, que permite tornar inteligível as diferentes formas de extração de mais-valia que ficariam obscurecidas numa aná-

---

[59] Um argumento completo sobre as transformações nas ferramentas de análise por causa do "poder das escalas" pode ser encontrado em Bodley, J. *The Power of Scales: a Global History Approach* (Routledge, 2003). Ver também Herod, A. e Wright, M. *Geographies of Power: Placing Scale* (Blackwell Publishing, 2002).

[60] Postone, M. *Tempo, Trabalho e Dominação Social* (Boitempo, 2014).

lise focada nas relações interpessoais singulares ou na igualdade jurídica entre proprietários[61].

Essa diferenciação entre escalas de análise é relevante também na investigação das organizações de esquerda, pois nos obriga a considerar o que poderíamos chamar de *intransitividade* entre escalas sociais[62]: a totalidade das relações pessoais não exaure, por si só, a totalidade das relações institucionais, que também não captura a totalidade das relações mercantis – ainda que todas cubram, no final das contas, o mesmo território. A visibilização das diferentes redes relacionais imbricadas no mesmo espaço depende, portanto, da capacidade de cada organização de transitar entre diferentes princípios explicativos ou de deformar seu princípio explicativo único para dar conta da influência não reconhecida de outros fatores determinantes[63].

---

[61] Heinrich, M. *An Introduction to the three volumes of Capital* (Monthly Review Press, 2012).

[62] Uma boa introdução à teoria da "scale relativity" é Fourriez, M. Martin, P. e Nottale, L. *Multiscalar Structures in Geography: Contributions of Scale relativity* em Cartographica: 55: 2 (2020). A análise da intransitividade no campo social pode ser encontrada em Bodley, J. *The Power of Scales* (Routledge, 2003) e no artigo de Neil Brenner *Limits to Scale? Methodological Reflections on scalar structuration* em Progress in Human Geography, 2001.

[63] Um exemplo de análise organizacional multi-escalar é Padgett, J. & McLean, P. (2006) *Organizational Invention and Elite Transformation: The Birth of Partnership Systems in renaissance Florence* em AJS Volume 111 N.5 (March 2006), p.1463-1568. Uma teoria geral social das redes multi-escalares pode ser encontrada em Dickinson, M. Magnani, M e Rossi, L *Multilayer Social Networks* (Cambridge University Press, 2016).

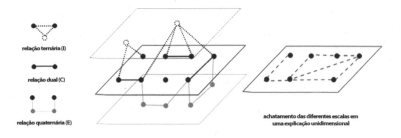

Figura 7: uma rede multi-escalar constiuída por relações duais ternárias e quaternárias

Ao assumir a existência de uma intransitividade entre escalas, assumimos também a necessidade de múltiplas abordagens de uma mesma rede de relações dentro, e entre, organizações e a possibilidade de que lógicas por vezes incompatíveis se articulem num mesmo espaço. A análise simultânea das formas de poder duais, ternárias e quaternárias dá mais concretude a um método de investigação das misturas organizacionais, tanto por nos permitir entender a especificidade da "malha relacional" de um espaço de militância como por permitir transitar por diferentes resoluções desse "tecido", atentos tanto ao ponto local de cada costura até às formas e recortes que só se tornam inteligíveis se observamos mais de longe. Um modelo em que a multiplicidade de lógicas da esquerda se reflete em uma análise de diferentes escalas organizacionais nos permite, por exemplo, reconhecer simultaneamente como relações nocivas de status e poder pessoal se exercem entre militantes e dirigentes ao mesmo tempo em que, enquanto instituição, uma organização pode intervir socialmente com grande efeito – ou, ainda, não confundir o estabelecimento de boas relações comunitárias entre organizados com a reprodução de relações de exploração numa diferente escala organizacional.

*Homogeneidade teórica: mapeamento cognitivo
e teorias incomensuráveis*

Na terceira seção deste capítulo, fizemos uma distinção entre as quatro primeiras condições do modelo aqui proposto – multiplicidade de fontes, recorte prático, análise das inter-relações e das misturas e escalas – e nossa quinta premissa, a saber, de que os aportes teóricos que poderiam dar corpo a essas condições deveriam eles mesmos serem compatíveis e homogêneos com o pensamento teórico das esquerdas. Todo o desenvolvimento da quarta seção pode ser entendido como um retorno sobre essas quatro premissas a partir da quinta condição – razão pela qual buscamos aplicar às esquerdas as categorias que elas mesmas utilizam em sua análise dos demais fenômenos sociais. Mas o que pode significar a análise, com aportes teóricos de esquerda, do próprio princípio de homogeneidade teórica? Para nós, trata-se de incluir no modelo analítico uma perspectiva "meta-teórica" que nos permita ter clareza sobre os diferentes *usos* da teoria em uma dada organização e sobre as diferentes maneiras que podemos tornar teorias incompatíveis *compossíveis* entre si.

Abordamos o primeiro ponto – sobre o papel da teoria dentro da ecologia de organizações – a partir do conceito de "mapeamento cognitivo"[64], que nos permite questionar as formas de mediação que cada organização mobiliza para dar contornos sensíveis a aspectos da realidade social que não são acessíveis diretamente pela experiência. Por exemplo, a teoria marxista do capitalismo como um sistema organizado em torno do valor e da luta de classes não serve apenas a uma função epistemológica ou

---

64 O conceito, elaborado na psicologia behaviorista, foi repensado nos anos 90 por Fredric Jameson em *Cognitive Mapping* em Nelson, C, Grossberg, L. [ed]. *Marxism and the Interpretation of Culture*, University of Illinois Press.

política – permitindo que certos movimentos formulem questões ou estratégias de uma determinada maneira – mas também serve para *tornar visível* dimensões e escalas da realidade social que não se apresentam como tais da perspectiva individual dos militantes. A maneira como uma dada organização constrói sua visão teórica também diz respeito, portanto, a uma certa "imaginação sociológica"[65]: define que tipos de entidades serão reconhecidas como legítimas, quais formas de expressão de problemas, tanto objetivos quanto subjetivos, serão consideradas efetivas naquele espaço e que tipo de sinal da realidade social contará como informação relevante e o que será considerado mero ruído de fundo. A consideração do papel estético ou sensível das teorias enquanto visões de mundo permite uma análise mais pormenorizada sobre a dinâmica efetivamente em jogo em conflitos de abordagens teóricas entre militantes de diferentes organizações: por vezes, certas premissas em debate não operam como hipóteses teóricas, mas como formas coletivas de reconhecimento de si e do mundo – de modo que um debate ou disputa que se pretende conceitual pode, na verdade, estar colocando em questão a própria forma de reprodução das pessoas que compõem uma dada organização militante, levando, por exemplo, a uma resistência desmedida à crítica.

O conceito de mapeamento cognitivo coloca a elaboração teórica em um contínuo que vai da mediação sensível entre indivíduos e sociedade à mediação conceitual entre experiência imediata e estruturas sociais. Uma mesma teoria pode operar, em alguns contextos, como ferramenta de superação dos limites da apreensão individual, permitindo que compreendamos conceitualmente novos fenômenos, e, em outros, como mecanismo de reconhecimento do lugar do indivíduo dentro de

---

[65] Wright MIlls, C. *A imaginação sociológica* (Jorge Zahar, 1956).

um sistema social que excede os limites de sua sensibilidade. Torna-se necessário, assim, não apenas avaliar como cada organização dialoga com fontes teóricas diferentes, mas também os diferentes usos que podemos fazer de uma mesma teoria.

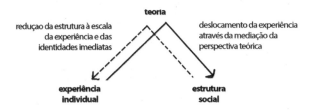

Figura 8: os dois sentidos do mapeamento cognitivo

Mas há outro eixo que precisamos abordar aqui e que decorre de uma possível contradição entre duas de nossas premissas: aquela que admite fontes diferentes para as esquerdas – e reconhece a irredutibilidade entre análises que partem das lógicas comunitárias, institucionais ou econômicas – e a premissa da homogeneidade teórica. Nosso modelo mobiliza recursos conceituais advindos de diferentes tradições – e muitas dessas abordagens ou estão em conflito ou são fundamentalmente heterogêneas entre si. Mas ao invés de tentar compatibilizar diretamente todas essas ferramentas teóricas, tentamos demonstrar que uma análise situada, multiescalar, atenta ao papel dos conflitos entre organizações, é capaz de *dar sentido às contradições teóricas, transformando-as em expressões de contradições reais*, reconhecíveis no próprio terreno social composto por diferentes lógicas e suas misturas.

Não se trata, portanto, de buscar formas de conciliar abordagens teóricas distintas, mas de transformar algumas de suas contradições em indícios da própria realidade social na qual as organizações estão inseridas. Conflitos entre abordagens que privilegiam a perspectiva de classe e outras que dão prevalência à análise da dominação racial ou de gênero, por exemplo, podem tanto nos dizer sobre o papel de mapeamento cognitivo das teorias em diferentes contextos – pois, às vezes, a principal contribuição de uma teoria é permitir que articulemos narrativas partilháveis sobre nossos sofrimentos – quanto também nos ensinar sobre os impasses reais, fruto da articulação efetiva entre as lógicas da Nação, do Estado e do Capital, que nos obrigam a optar por apresentações incompatíveis de um mesmo fenômeno social composto.

Cabe notar ainda que, assim como cada lógica que elencamos aqui possui sua própria forma de expressar contradições internas, também as diferentes misturas das esquerdas podem apresentar diferentes métodos de acolher conflitos e inconsistências. Isso é importante, pois é preciso reconhecer as diferentes maneiras como as organizações pensam o problema da incompatibilidade entre abordagens teóricas e como elaboram para si mesmas modos de transitar por outras linguagens conceituais e mapeamentos da realidade. Retomando nossas três lógicas, podemos talvez distinguir entre métodos de conciliação baseados ou no *sacrifício* de uma perspectiva em nome da perspectiva do outro – o que pode levar ao ressentimento – ou baseados na *soberania*, quando convidamos a todos que abram mão de suas perspectivas particulares, mas por isso mesmo permanecemos capazes de julgar se os outros abdicaram "da forma correta" de suas posições iniciais no debate, ou mesmo baseados no *trabalho abstrato*, em que a pluralidade de perspectivas é aceita, mas a produção de informação é fetichizada, retirada de seus contextos e usos particulares e diferentes conhecimentos são tratados como sendo imediatamente equivalentes.

Algumas considerações críticas

Por mais que sirva como apresentação estruturada do saldo do debate travado nos capítulos anteriores, o presente capítulo não faz muito mais do que oferecer um esboço para um programa de investigação muito mais amplo. Como estímulo para que outros contribuam para a continuação desse projeto, tentaremos antecipar alguns problemas na recepção da proposta, comentar alguns possíveis usos críticos e políticos do modelo, e apontar pontas soltas que consideramos caminhos promissores para novos desenvolvimentos.

É possível antever pelo menos três tipos de problemas na recepção do modelo aqui proposto. O primeiro diz respeito à própria ideia de modelo, e pode levar a uma acusação de "formalismo" ou de sociologização das lutas – e, em última instância, à acusação de que nosso esforço conceitual é essencialmente inútil. O segundo tipo de problema diz respeito ao escopo e riqueza do modelo: reconhece-se sua utilidade, mas critica-se a ausência de conceitos considerados cruciais ou de fenômenos contemporâneos relevantes. Finalmente, um terceiro tipo de problema emerge da rejeição de nossa proposta com base na divergência de nossas bases teóricas, ou mesmo da suposição de que não é necessário adotar outras abordagens conceituais posto que a teoria de preferência do crítico já seria capaz de colocar para si todas as questões que levantamos aqui.

A crítica de "formalismo"

A questão do excesso de formalismo e abstração não deve ser menosprezada. Na segunda seção deste capítulo abordamos rapidamente o problema de modelagens sociais que ocupam um lugar exterior à realidade que descrevem – essencializando ou a realidade a ser descrita ou sua representação formal. Chamamos de "formalista" a postura que defende uma heterogeneidade estrutural entre o modelo e o que é modelado, acreditando que uma representação formal está fora do mundo que representa, sendo assim um padrão imutável com o qual podemos julgar a realidade. Como tentamos mostrar, esse não é o caso do presente modelo: não apenas defendemos que sua validade depende do tipo de uso político que possa ser feito de nossa proposta, como todas as decisões teóricas que tomamos aqui – cuidadosamente detalhadas na terceira seção – têm em vista preservar a homogeneidade entre a realidade prática e teórica das esquerdas e a representação dessa que construímos. Por isso trata-se de um modelo feito de teorias de esquerda sobre o mundo para falar do mundo das próprias esquerdas.

O que faz um modelo funcionar como um critério transcendental de avaliação da realidade não é sua sofisticação formal, mas a relação subjacente que se estabelece entre o que é representado e a representação e o tipo de efeito que permitimos que a realidade tenha sobre as abstrações – sejam elas simples ou mais elaboradas. Mesmo se concluirmos, por fim, que o mapeamento cognitivo da ecologia de organizações de esquerda proposto aqui é incapaz de jogar uma nova luz sobre as interações entre organizações, e entre essas e nosso meio social, ainda assim essa inutilidade será confirmada na realidade das lutas, através da reintrodução dessa representação na realidade que descreve, isto é, através da sua mobilização política, e não por mera denúncia de seu estatuto abstrato.

A crítica de déficits conceituais

Mais além da crítica à própria ideia de modelos políticos, é preciso ainda lidar com outro tipo – ainda mais severo – de problemas, aqueles que dizem respeito à possível pobreza conceitual de nossa proposta. Sem dúvida, apesar dos ganhos teóricos evidentes, frutos das premissas com as quais trabalhamos aqui, é preciso avaliar se uma série de outros conceitos centrais do pensamento de esquerda contemporâneo tem lugar em nossa proposta. Por exemplo, é perfeitamente compreensível que a ausência de categorias explicitamente advindas das lutas feministas, indígenas[66] e decoloniais, ou de referências ao papel das redes sociais na política atual, ou mesmo de um foco explícito na ecologia e da crise climática, sugira à primeira vista que nosso modelo está incompleto ou é até mesmo totalmente anacrônico.

Devemos abordar essa questão em duas partes. Primeiramente, é preciso avaliar se algo é perdido ao não tratarmos nenhum desses temas como operadores primitivos em nossa construção ou, ainda, se isso implica na sobrevalorização de outras formas particulares de luta. Como descrevemos anteriormente, nosso objetivo é que nenhuma forma de organização ou abordagem teórica existente seja tomada aqui como dada ou primária – todas formas de organização efetivas são construídas como misturas locais. Nem mesmo organizações políticas consideradas canônicas durante o século XX, como a forma-partido ou os sindicatos, são aqui tomadas como expressões "puras" de uma lógica mais fundamental. Além do mais, adicionar um elemento ou abordagem como um operador primitivo no modelo significa, em suma, tomá-lo como o princípio que ilumina e explica os demais, e não como o fenômeno a ser compreendido e precisado. A escolha pelas três lógicas sociais

---

66 L'état brésilien, les indiens et la nouvelle constituition, in Carneiro da Cunha, M. & Almeida (orgs.) L'état et les autochtones en Ámerique latina et au Canada. Symposiums du Congré annuel. Association Canadienne des Études Latino--Américaines et Caribeenes. Université de Laval.

gerais nos permite produzir um efeito de refração em conceitos que, de outra maneira, poderiam ser pensados de maneira unitária: podemos pensar em diferentes abordagens ecológicas e intercâmbios com a natureza não-humana, ou diferentes usos das redes sociais no ecossistema organizacional das esquerdas, ou explorar as diferentes críticas da racialização que emergem dependendo de como comunidade, instituição e capital são articuladas em um dado espaço militante. Assim, o que justifica em última instância a ausência explícita de certos conceitos é a possibilidade de – uma vez não partindo dessas categorias – sermos capazes de efetivamente reconstruí-las, com o mesmo ou maior grau de riqueza conceitual, a partir das premissas que elencamos aqui. Possibilidade essa que deve ser testada, sendo impossível simplesmente comprová-la de antemão.

A crítica dos emblemas teóricos

A reticência em colocar à prova a capacidade deste modelo de incluir e reposicionar temas e conceitos importantes das esquerdas nos leva ao terceiro tipo de problema que iremos certamente enfrentar. Não se trata da crítica aos modelos em geral, nem da crítica ao escopo desse modelo em particular, mas da recepção que não se engaja com nossa contribuição por considerar que ela, no melhor dos casos, repete o que já é conhecido a partir de outro enquadre teórico já estabelecido. É o caso, por exemplo, de leitores marxistas que defenderão que, como a tradição marxista já dá conta da totalidade social em toda sua complexidade, não é possível que nossa abordagem faça mais do que repetir o que eles já sabem. É o caso também daqueles que, construindo suas inserções políticas a partir de certas noções iniciais – por exemplo, a partir da problemática do gênero – concluirão que seu reposicionamento em nosso modelo é sinal de uma deslegitimação ou de uma invisibilização de sua centralidade na luta política. Em ambos os casos, o ganho teórico já conquistado dentro de outro enquadre serve de justificativa para desconsiderar o esforço de mapeamento mais amplo aqui proposto.

Longe de desconsiderar esse tipo de situação, é preciso admitir que nenhum novo modelo de análise das esquerdas é aceitável se ele for incapaz de acomodar os ganhos políticos e organizativos das esquerdas reais. Como vimos anteriormente, a teoria do mapeamento cognitivo nos obriga a considerar não apenas a função epistemológica dos conceitos, mas também seu papel na sensibilidade militante – o que implica que mesmo transposições e reconstruções que preservem o valor conceitual de um termo podem significar uma perda crucial para um espaço militante onde tal palavra ou ideia também funciona como índice de reconhecimento mútuo ou de figuração de uma experiência. Assim, tanto o incômodo dos que consideram não haver ganhos em nossa proposta quanto daqueles que sentem que algo é perdido ao reconstruir e reposicionar certos termos e ideias num panorama mais geral são sinais relevantes do modo como as teorias estão imbricadas nas formas de organização da militância.

No primeiro caso, a possibilidade de traduzir o presente modelo em termos de abordagens teóricas mais bem estabelecidas não constituiria um mero exercício tautológico: uma vez demonstrada a equivalência conceitual, reduziríamos também a diferença sobressalente à dimensão dos emblemas, do investimento subjetivo e das formas de reconhecimento – o que não deixa de tornar visível algo novo. No segundo, o receio de que nosso modelo coloque outros princípios explicativos no centro da análise política também não deve ser considerado uma resistência gratuita, mas uma oportunidade de testar se nossa proposta meramente efetua um deslocamento de um centro para outro, ou se realmente conseguimos propor um sistema multipolar.

Desenvolvimentos sobre a definição de esquerda e direita

Há, no entanto, uma "ponta solta" em nossa construção que talvez demande, em elaborações futuras, uma reconfiguração de nossas premissas, ou mesmo a adição de uma nova condição geral. Na primeira parte da quarta seção deste capítulo, quando introduzimos as três lógicas sociais que norteiam nosso modelo, definimos o campo da esquerda pelas diferentes formas de negação de uma ou mais dessas lógicas. Falamos na esquerda comunitária, a esquerda institucional e a esquerda econômica como três atratores em jogo nas organizações políticas reais e em seu ecossistema. Um dos ganhos dessa abordagem foi poder propor uma tipologia de formas de esquerda baseada em diferentes maneiras de negar o complexo social. Recapitulando: na margem exterior do campo, demarcamos as posições "antiestablishment" que não negam nenhuma das três lógicas, apenas defendem a dominância de outra delas, e em seguida, definimos formas de negação "interiores" a uma lógica: apostas na crise como saída para o valor, ou na guerra contra a nação, ou na revolução institucional contra o Estado – ou seja, negações determinadas pela própria lógica em questão. Diferenciamos essas amarrações estratégicas daquelas que efetivamente negam pelo menos uma das três lógicas em questão – a esquerda comunitária, por exemplo, que aposta na transformação radical das relações duais, negando tanto a forma estável quanto instável do nacionalismo. Em todos esses casos, o conteúdo da negação não é dado por alguma outra lógica existente, havendo, portanto, um componente de *transcendência* em relação ao espaço social atual. Esse componente transcendente da negação pode, talvez, ser derivado de cada uma das três lógicas elas mesmas: talvez possamos falar da ideia de *alteridade radical* como um aspecto da lógica comunitária – uma abertura para o que é totalmente outro – ou da ideia de *ruptura radical* como aspecto da lógica institucional – como reinvenção total do pacto social – ou mesmo da ideia de *genericidade radical* como aspecto da lógica da valorização – a transformação de um modo de produção pelas suas próprias condições materiais. Mas é possível também que seja necessário entender cada uma dessas modulações como relações locais entre uma dessas lógicas e um *quarto* espaço lógico autônomo, um campo no qual o que aparece como negação para as três lógicas é na verdade uma forma específica de relação com o que não está presente ou o que não existe ainda – um espaço lógico cujo "atrator" é a ideia mesmo de transcendência, com seus paradoxos, suas formas estáveis (Deus) e instáveis (niilismo), e seu pensamento próprio, a filosofia. Seria a existência social da religião redutível ao entrelaçamento das três lógicas que mencionamos, ou sua existência concreta é melhor compreendida como fruto da relação entre as três esferas sociais e uma quarta, marcada internamente pela negação dos mundos sociais e naturais? É possível que apenas um novo axioma – a afirmação de que "existe uma lógica autônoma que afirma a possibilidade de transcendência do mundo" – dê conteúdo determinado ao operador de negação que, em nosso modelo, é determinante da constituição e diferença entre as esquerdas. No entanto, no presente momento, e sem a ajuda e contribuição de outros interlocutores, essa questão não parece possível de ser decidida.

A questão de como definir e elaborar esse operador de negação ou transcendência que utilizamos na definição das esquerdas se conecta a uma outra, igualmente importante e aberta a desenvolvimentos posteriores: a questão das organizações de direita. Em nosso esquema atual, centrado em relacionar a visão das esquerdas sobre o mundo social e o mundo social dessas próprias organizações, a definição de "esquerda" a partir de uma negação de lógicas mais gerais já é um passo importante, pois oferece uma definição *imanente* das esquerdas, sem referência ao campo opositor. Porém, é uma estratégia que pode dar ensejo à compreensão de que tudo o que não faz parte do ecossistema da esquerda é de direita – o que certamente não é o caso, dado que existem organizações que não se inscrevem diretamente na luta política.

A questão de como incluir as organizações de direita em nosso modelo é, portanto, um problema em aberto. Por um lado, nos parece que todas as premissas utilizadas em nossa abordagem são ferramentas úteis na compreensão das organizações de direita: analisá-las como misturas que articulam lógicas diferentes, compreender os efeitos de feedback internos ao seu ecossistema – bem como o papel das crenças que imputam às organizações de esquerda – são premissas promissoras para uma reavaliação de como a direita reage hoje ao terreno social fraturado que partilha com a esquerda. Por outro lado, torna-se ainda mais notável a necessidade de novas elaborações quanto ao que define uma "negação" no sentido que utilizamos na definição das esquerdas, para que possamos também definir o tipo de operação sobre as lógicas sociais que situaria as diferentes tendências de direita.

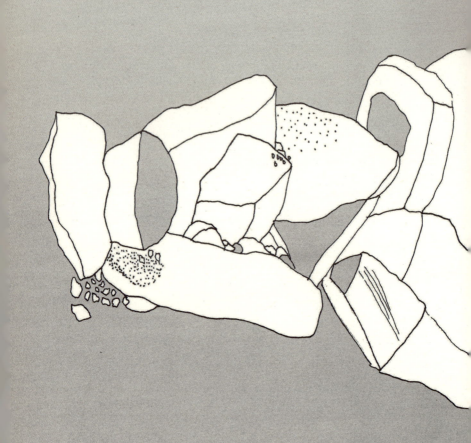

PARTE TRÊS
ANÁLISE DO TERRENO

Existe um canteiro de obras em uma tempestade ruinosa,
Um sonho do passado interrompido,
De além de nós, de onde ainda iremos viver.

Wallace Stevens, Esboço do Político Final

8. Os avessos da democracia

Gabriel Tupinambá e Edemilson Paraná

Crise do "modelo tradicional" de política

Tornou-se bastante comum falar, atualmente, em desconfiança e crise dos modos ou "modelos tradicionais de política". O que se perde de vista neste enfoque, no entanto, é o que de fato estamos dizendo quando falamos em "modelo" – algo que está para além de uma mera descrença nos políticos ou em certos instrumentos de representação política. Porque um modelo – como discutimos, no contexto das esquerdas, no capítulo anterior – é mais do que isso: inclui não apenas uma certa forma de agir, mas também a concepção de tempo e espaço no qual essa ação se dá. Trata-se, em certo aspecto, daquilo que Fredric Jameson chamou de "mapeamento cognitivo", expressão emprestada do urbanista Kevin Lynch[67], que por sua vez investigou como mapeamos, em nossas cabeças, as cidades que conhecemos; um mapa mental que contribuiu não apenas para nossa orientação no espaço urbano, mas também para organizar as fantasias sobre a cidade e definir que trajetos e que possibilidades esse espaço oferece.

Portanto, uma coisa é ter clareza sobre o terreno, sobre onde se quer chegar, e se concluir, a partir disso, que não é mais pos-

---
[67] Lynch, K. *A imagem da cidade* (WMF, 2011).

sível confiar que certos caminhos nos levem até lá – uma desconfiança produtiva, digamos, pois ajuda a afunilar a escolha a respeito de quais táticas são mais apropriadas para um dado objetivo –, outra é esbarrar em algum obstáculo significativo que não estava antecipado no mapa, algo que coloca em questão a precisão da cartografia do território como um todo. O que fica comprometido nesse segundo caso é muito mais do que a confiança em um instrumento político (a crença nos partidos, nas campanhas eleitorais etc.), mas a consistência de todo um modo de visualizar o espaço político, suas causas e efeitos, suas determinações. Além de comprometer a capacidade de decidir onde se deve investir energias e de avaliar se tais intervenções tiveram sucesso, uma tal crise de mapeamento cognitivo também produz efeitos subjetivos importantes: ao afetar a capacidade de localização nesse espaço, nos impede de elaborar o sofrimento[68] que a vida política causa, dado não ser possível capturar sua lógica em uma narrativa que torne comensuráveis as causas de tal sofrimento – muitas vezes abstratas e complexas – e seus efeitos pessoais e corporais.

Assim é que, dependendo de onde se coloca a ênfase – na saturação de um dado meio ou mediação, ou na saturação do modo de mapear os meios e fins da política – formam-se cenários muito diferentes. Desde essa perspectiva, o problema da "crise de representação política", precisaria ser, então, reformulado da seguinte forma: que processo é esse que levou o nosso mapeamento cognitivo do espaço
político a se tornar, de repente, incapaz de figurar as forças, os atores e os regimes de causa e efeito cuja inteligibilidade é condição para pensar e agir politicamente?

---

[68] Dunker, C. *Mal-estar, sofrimento, sintoma: uma psicopatologia do Brasil entre muros* (Boitempo, 2015).

Box 1 – As Manifestações de Junho de 2013 no Brasil

Um exemplo quanto a essas duas maneiras gerais de enquadrar o problema se expressa nas abordagens explicativas referente às manifestações de Junho de 2013, ocorridas no Brasil. Se optamos pela primeira leitura (saturação de um dado meio ou mediação), o conhecido bordão "não me representa" pode ser entendido como uma constatação dos limites da democracia representativa como aquele meio de realização de demandas sociais que são, em si, plenamente representáveis: sabe-se o que se quer, sabe-se reconhecer se isso foi ou não alcançado, e constata-se que os mediadores desse processo não estão levando à cabo a vontade popular. No segundo caso, no entanto, a mesma palavra de ordem – "não me representa" – adquire um sentido diferente: é como se o mapa do espaço político não desse mais conta de dizer onde estamos e, portanto, de representar a vontade popular não apenas para o Estado, mas para nós mesmos. De modo geral, aqueles que enfatizam o primeiro aspecto tendem a ver Junho de 2013 como o começo de algo novo no Brasil; e aí a pergunta é como essa novidade irá dar fim ao velho, se outras forças irão ou não impedir a expressão dessa determinada novidade. Quem enxerga as coisas pela segunda perspectiva (saturação do modo de mapear os meios e fins da política) tende a pensar Junho como o sinal de um fechamento; e aí o problema torna-se entender as determinações dessa saturação, e descobrir como se orientar rumo a algo novo nessas condições.

Ambos nos colocamos, aqui, no segundo polo. Ou seja, para nós, tão séria, ou mais, que a desconfiança nos dispositivos políticos "tradicionais", é a crise vivenciada em nossa capacidade de mapear as forças sociais e políticas, tanto no Brasil quanto no mundo. É contra o pano de fundo dessa desorientação que lemos tanto a descrença que muitos manifestamos em relação à "velha política", quanto a confiança meio desesperada que alguns demonstram em sua própria capacidade de explicar porque chegamos a essa situação, quem são os culpados, e por onde devemos ir agora.

Vale notar aqui, ainda, que nossa proposta de abordar o ecossistema das esquerdas a partir de três polos distintos, fruto de uma pesquisa informada pelos impasses e desenvolvimentos pós-2013, nos convida a repensar as tensões que eclodiram ali não apenas em termos de um embate entre a esquerda institucional, ou partidária, e a esquerda dita "desorganizada" ou autônoma. Parte do trauma de Junho, daquilo que permanece até hoje como uma pedra no sapato da nossa compreensão desse período, talvez tenha sido o choque entre uma revolta já codificada pela fragmentação social característica do novo terreno social que habitamos e uma forma de mapear esse espaço que era devedora de outras condições históricas – no desencontro entre a cartografia política que funcionava até então e as tensões tectônicas que explodiam em 2013, levou a melhor quem, naquele momento, tinha menos apego a esse modelo do espaço político: a extrema-direita.

Uma forma produtiva de abordar esse problema é seguindo a linha de investigação do filósofo brasileiro Paulo Arantes, que há muito tempo estuda as condições materiais para que haja uma experiência política da história. Uma de suas teses é a de que vivemos, no Brasil, o fim de um ciclo desenvolvimentista cujo fio condutor amarrava tanto o projeto político da ditadura civil-militar quanto aqueles que disputaram o poder posteriormente[69]. Ou seja, o que vivemos não é apenas a saturação de uma orientação particular no espaço político – mais à direita ou

---

[69] Ver Arantes, P. *O Novo tempo do mundo* (Boitempo, 2014).

mais à esquerda – mas de uma premissa subjacente, até agora relativamente lastreada na realidade socioeconômica mundial, que justificava a associação entre desenvolvimento econômico e as demais esferas da vida social.

Na contramão de muitos autores, principalmente americanos e europeus, que interpretam o fechamento de nossa imaginação política – a chamada "era das expectativas decrescentes"[70] – como um sinal da hegemonia discursiva neoliberal, a ser combatida nos mesmos termos, ou como uma resposta psicopatológica individual, a ser tomada como sinal de um predicamento ideológico, Arantes reconhece aí uma transformação subjacente na própria estrutura do sistema-mundo capitalista[71]. Em poucas palavras: a associação fundamental entre trabalho e progresso, que subjaz tanto o processo de consolidação quanto de expansão da sociedade do trabalho, e que caracteriza tanto a "fase imperialista" do capitalismo quanto os projetos alternativos que se consolidaram durante o século XX, começa a entrar em uma crise estrutural: em vez de absorver cada vez mais pessoas sob um certo paradigma de trabalho formal, assistimos a um divórcio cada vez maior entre o progresso técnico e a empregabilidade. Em vez do processo de expansão tendencial do centro para as periferias – onde o "choque de modernidade" teria produzido, provisoriamente, sociedades em que se misturam regimes normativos incompatíveis, informalidade e emprego formal, refuncionalizando o "atraso" das instituições em nome das mais

---

[70] Ver Lasch, C. *Culture of Narcissism: American Life in the Age of Diminishing Expectations* (W. W. Norton e Co, 1991).
[71] Sobre nossa leitura, complementar, quanto à economia política dessas transformações, ver Paraná, E. *A Finança Digitalizada: capitalismo financeiro e revolução informacional* (Insular, 2016), caps. 1 e 2 e Paraná, E. *Bitcoin: a utopia tecnocrática do dinheiro apolítico* (Autonomia Literária, 2020), cap. 2.

avançadas formas de exploração[72], etc. – ou mesmo de um parasitismo mais ou menos estável da periferia pelo centro, são esses regimes híbridos e periféricos que agora avançam sobre o centro, carregando mundo adentro essa forma de viver na arquibancada do progresso. Trata-se de uma versão terrível daquelas piadas do tipo "eu tenho uma boa e uma má notícia": a boa notícia é que o Brasil é mesmo o país do futuro; a má notícia é que são os outros lugares que tendem a se parecer cada vez mais com o Brasil.

Ocorre que, conforme descreve Jameson[73], se tanto o capitalismo de mercado que inaugurou a modernidade europeia, quanto o capitalismo monopolista da maior parte do século XX eram estruturas sociais *homogeneizantes*, isto é, que carregavam um certo padrão de organização social por onde chegavam, e que eram portanto passíveis de uma modelagem por teorias e narrativas mais ou menos consistentes, esse capitalismo de crise, de retração do centro e avanço da fratura periférica, não oferece mais condições para uma modelagem unificada do espaço social. Para Jameson, não existe mais apenas uma distância entre a vida imediata e as estruturas sociais, cisão característica da experiência crítica moderna, mas também uma cisão interna a essas estruturas, que organizam um espaço *disforme*[74] – cindido, heterogêneo e simultaneamente inscrito em formas de vida

---

72 Sobre este diagnóstico ver também Oliveira, F. *Crítica da Razão dualista; O Ornitorrinco* (Boitempo, 2003).
73 *Cognitive Mapping* em Nelson, C. Grossberg, L. [ed]. Marxism and the Interpretation of Culture University of Illinois Press.
74 A partir do trabalho da Barbara Szaniecki , Cava e Cocco (Mauad, 2017) falam em um "enigma do disforme" para descrever esse algo difícil de conceber: em vez da dialética entre a forma e o informe, que daria sentido a um processo de "formação nacional", estaríamos nos confrontando com a emergência de um monstrengo, uma forma trincada, como um choque entre dois mundos incomensuráveis que, precisamente, não são dois mundos totalmente distinguíveis ou consistentes.

conflitantes entre si. Portanto, um espaço social onde também não faz mais sentido pensar a esquerda como um processo único, de interesses essencialmente compatíveis, com uma forma subjacente comum e homogênea.

É importante notar que essa inversão no vetor histórico, do desenvolvimento à periferização, não pode ser interpretado como se o progresso cedesse lugar ao retrocesso. Essa catástrofe social é um processo que depende precisamente daquilo que há de mais moderno, tecnológico e avançado no capitalismo. E, consequentemente, o conflito que essa inversão traz à tona não é aquele entre forças reacionárias e progressistas (ainda que possa tomar essa forma em alguns lugares), mas antes um conflito entre aqueles cujas vidas se jogam dentro da tensão entre progresso e retrocesso e aqueles cujas vidas são o *caput mortuum* desse processo, ou seja, o conflito subjacente se torna entre os que têm e os que não têm mais história, "a maior das posses burguesas", como diz Pasolini em *As cinzas de Gramsci*[75].

Em suma, se assistimos hoje, em grande parte por conta das desventuras das formas presentes de acumulação capitalista, a um processo de "periferização do mundo", então ao mesmo tempo em que essa situação se alastra pelo globo, ela também desfaz a nossa capacidade de tomar os países ditos "desenvolvidos" – ou mesmo a crítica do processo de expansão imperialista – como modelo do que fazer para "sair do atraso". Na verdade, desfaz até mesmo nossa capacidade de saber se "sair do atraso" é, de fato, um bom critério de orientação política. A crise do "modelo tradicional" de política é portanto, o efeito de um movimen-

---

[75] "Pobre entre pobres, assim como eles/me apego a esperanças humilhantes,/ e como eles para viver combato/ todo dia. Mas nesta condição/ desesperadora de deserdado/ eu possuo, possuo a mais exaltante/ das possessões burguesas, o estado/ mais absoluto. Mas, se possuo a história,/ ela me possui, e dela me ilumino:/ mas de que serve a luz?" Pasolini, *Poemas* (Cosac Naify, 2005), p. 69.

to profundo no "Acheronta" do sentido histórico moderno: ela não desnorteia apenas a esquerda progressista, mas também o liberalismo e as forças reacionárias, colocando todos, em certo aspecto, no mesmo barco, dado que estamos todos igualmente investidos na fantasia de que a aventura moderna teria um combustível infinito para queimar[76].

Box 2 – Crise do capitalismo, capitalismo de crise

O capitalismo passou, nas últimas cinco décadas, por mudanças profundas, definidas, em larga escala, pelos processos de reestruturação e transnacionalização produtiva, financeirização e neoliberalização, que avançam com maior intensidade a partir das décadas de 1970 e 1980. No que toca a reflexão desenvolvida neste livro, fala-se de um rearranjo dos mecanismos de controle do trabalho e do curso produtivo, agora tendencialmente "flexíveis" e "acelerados", de transformação nos paradigmas administrativos e de gestão da grande empresa capitalista, de uma maior integração entre as cadeias de valor, da constituição de novos hábitos e padrões de consumo globais, da ampliação da "autonomia relativa" da esfera financeira em relação à produção.

Sai de cena o "regime de acumulação keynesiano-fordista" do "capitalismo administrado" do pós-guerra – com sua produção e consumo de massas, relativo controle dos fluxos monetário-financeiros e gestão coletiva (tripartite: Estado, sindicatos e empresas) da relação salarial[77] – e entra o "regime de acumula-

---

[76] Danowski, D. Viveiros de castro, E. *Há mundo por vir?* (ISA, 2017).
[77] É de amplo conhecimento que este "capitalismo regulado" nunca existiu, de fato e em estado prático, nas periferias do sistema. O que nos importa mais, no entanto, é o fato de o ter, sim, existido como horizonte normativo ou senso de direcionamento, materializado em uma imagem geral do que é o "progresso" – o que, evidentemente, tem, em termos políticos e sociais, consequências

ção com dominância da valorização financeira" ou "regime de acumulação flexível" – guiado pela liberalização dos fluxos de capitais, da relação salarial e da proteção social, pela produção e consumo crescentemente modulares e customizados e pelo avanço da lógica e temporalidade financeira no governo da dinâmica socioeconômica como um todo. Esta "financeirização", que alça a outro patamar de comando o que Marx chamou de "capital fictício"[78], torna-se a ponta de lança deste processo de globalização econômica que possibilita redesenhar e ampliar significativamente o mercado mundial capitalista.

Como base técnico-operacional, seja da nova articulação e liberalização dos mercados financeiros, seja do redesenho das dinâmicas de trabalho, produção e consumo, crescentemente "integrados" internacionalmente, verifica-se o barateamento dos transportes e meios de circulação e, particularmente, o desenvolvimento das novas tecnologias da informação e comunicação (TICs) – com destaque para o processamento computacional e a internet, no que foi chamado de "terceira revolução industrial" ou "revolução microeletrônica". Com esta, entra em outro patamar qualitativo o processo geral de incorporação do conhecimento e da ciência (via tecnologia em sentido *lato*) à produção, com o aprofundamento da subsunção do trabalho intelectual, cuja tendência ao apagamento das fronteiras entre trabalho manual e trabalho intelectual age fundamentalmente,

---

bastante concretas. Importa mais, para efeitos de nossa discussão, o "senso da história" que impera de uma época a outra; e não apenas, ou centralmente, ainda que isso seja também importante, a configuração específica do tipo ou variedade de capitalismo verificável concretamente em cada formação social.
78 Simplificadamente, em oposição ao "capital real" aplicado em atividades produtivas e comerciais, o capital fictício é representado por títulos de propriedade sobre a riqueza futura, ou seja, promessas de valorização que dependem da crença fictícia quanto aos seus retornos vindouros.

ainda que não apenas, no sentido da constituição de uma "inteligência coletiva" a serviço do capital.

Assim é que, do computador pessoal e da internet, nos anos 1990, chegamos ao mundo atual, em que *smartphones*, processamento massivo de dados e algoritmos estão por toda parte, das altas finanças às atividades pessoais mais básicas e íntimas; um mundo em que despontam novas aplicações no campo da biotecnologia, da neurociência e da inteligência artificial, cujas consequências não é objetivo deste livro investigar.

Parte de um cenário mais amplo de mudanças históricas e sociopolíticas significativas, emerge, então, na esteira do desenvolvimento das TICs – que contribuem, como se disse, para a intensificação das referidas dinâmicas de reestruturação produtiva, abertura e integração dos mercados globais –, um encontro *sui generis* entre capitalismo financeiro e revolução informacional, cuja expressão contemporânea se materializa no processo de automação do trabalho e da produção, de "digitalização" ampliada e "plataformização" da atividade econômica, particularmente no setor de serviços, que possibilita a conformação de conglomerados financeiro-informacionais, as chamadas "Big Techs", que figuram entre as mais "valiosas" empresas do mundo contemporâneo.

Uma novidade significativa, neste particular, reside no fato de que para parte considerável das gigantes da tecnologia que compõem esse novo oligopólio informacional, os ganhos mais substantivos provêm antes da valorização do preço de ações e ativos financeiros de toda espécie do que da exploração econômica direta de seus inovadores modelos de negócio[79]. Na prática,

---

[79] Ver "De Uber a Nubank: as empresas que valem bilhões, mas nunca registraram lucro". BBC News Brasil, 30 set. 2019. Disponível em: https://www.bbc.com/portuguese/geral-49858418. Acesso em 23 set. 2020.

isso determina, somado a outros fatores, não apenas um reforço da tendência geral à monopolização, mas, particularmente, uma necessidade objetiva dessas empresas de se estabelecerem como monopólios para que possam existir e funcionar como tais. A mencionada especulação em cima da qual estão estruturadas essas megacorporações se dá, para além da alavancagem tecnológica em si, precisamente a partir do poder de controle que decorre do imenso acúmulo de informações de consumidores e trabalhadores que a elas se vinculam – algo que tem sido relacionado ao chamado "efeito rede"[80] ou modelo "winner takes all".

Assim é que, distintamente ao que se pensa (e se propagandeia), a digitalização, plataformização e automação avançada, ainda que significativas em seus impactos, não têm se revertido em ganhos relevantes de produtividade do trabalho e crescimento econômico sustentado. Em um cenário de fluxos econômicos liberalizados, produzem-se inovações financeiras, é certo, que jogam ainda mais água no moinho da valorização financeira, mas que não parecem capazes de muito mais do que isso. Tampouco a chamada "quarta revolução industrial"[81] tem sido pró-

---

80 O efeito-rede, também chamado externalidade de rede, está relacionado à busca de economias de escala, e pode ser definido pela repercussão que um utilizador de um bem ou serviço tem sobre o valor do produto para outros utilizadores, ou seja, a situação em que o valor de um produto ou serviço passa a depender justamente do número de consumidores que recorrem a ele. Desse modo, efeitos positivos de rede podem criar um movimento tal em que a rede se torna mais valiosa à medida que mais pessoas se juntam a ela, numa espécie de feedback positivo. Redes sociais online funcionam basicamente desta forma, tornando-se mais úteis e necessárias quanto mais utilizadores aderirem a elas.

81 As especulações em torno de uma quarta revolução industrial apontam para desenvolvimentos marcados pela fusão de tecnologias, borrando as linhas divisórias entre as esferas físicas, digitais e biológicas; algo que se materializaria no desenvolvimento de novos materiais, internet das coisas, impressão 3D, *drones*, novas formas de processamento e estocagem de dados e energia, veículos autônomos, computação cognitiva e inteligência artificial.

diga em entregar o futuro luminoso que seu discurso promete. Ao contrário, a datificação e plataformização de tudo, que vem tomando em particular o setor de serviços, se tornou a espinha dorsal da exploração intensificada, precarização e informalidade crescente do mercado de trabalho – um mundo marcado pela combinação de alta tecnologia com baixa qualidade de vida.

Plataformização e financeirização são, é preciso que fique claro, duas dimensões complementares de um mesmo processo de mudança macroestrutural do capitalismo nas últimas décadas. Compreender este aspecto nos permite enxergar para além das baixas taxas de crescimento econômico mundial, da falta de dinamicidade em termos de ampliação da produtividade, do aprofundamento das desigualdades, para além, em suma, do que há de mais imediato e visível na dita "estagnação secular", como tem sido definida a macro-conjuntura econômica contemporânea – um contexto em que, paradoxalmente, o poder do dinheiro revela-se, ao mesmo tempo, imenso e insignificante. Imenso ao postergar e manter de pé a dança das cadeiras do financismo zumbi, mas insignificante na ativação do emprego, do consumo e da produção na economia real.

É que a compulsiva "antecipação do futuro no presente" – típica da predominância de um modo de valorização de capital ancorado na posse de títulos de propriedade cujo "valor" se sustenta primariamente na especulação sobre a sua rentabilidade futura, potencial, e apenas secundariamente na lucratividade efetivamente auferida no presente – estrutura, na prática, um estado de exceção econômica, de crise permanente, cujas apos-

---

Fala-se de uma automatização avançada nos negócios, governo e vida privada vinculada a uma alta conectividade, sem precedentes em amplitude e velocidade de comunicação. Ver Schwab, K. *The fourth industrial revolution*. Cologny, Genebra: World Economic Forum, 2016.

tas se dão sempre à beira da nova derrocada que se avizinha. Na prática, a imposição, por todos os limites da vida econômica, da temporalidade curto-prazista, desregulamentadora e desterritorializante da finança, faz comprimir violentamente o horizonte da valorização de capital – e, com ele, o próprio horizonte de expectativa social, a capacidade de imaginação e criação política. Impõe-se por toda a parte, conforme bem observou Mark Fisher[82], o "realismo capitalista" da falta de alternativas.

Por tal razão, dentre outras, é que não adianta continuarmos a mapear o mundo do mesmo jeito, seja para entender o movimento dos demais atores políticos, seja para representar nossa própria posição, simplesmente buscando novas ferramentas para realizar os mesmos velhos sonhos. Teremos de reaprender a sonhar novamente.

Crise da democracia

Em paralelo à crise dos modelos de representação do espaço político, observamos também uma encruzilhada que abarca duas formas de ler o que vem sendo definido em toda a parte como a "crise da democracia". A primeira abordagem define a crise como efeito de um *déficit* de representação: a democracia está em questão porque se desfez o laço que articulava tradicionalmente representados e representantes, de modo que há agora um grau maior de arbitrariedade entre a classe política e a população. A segunda abordagem parte da constatação de um *excesso*: a crise advém do fato de que, ao contrário das expectativas, a expansão da democracia deu lugar a pessoas cuja forma de vida não é compatível com a plataforma democrática – ao invés

---

[82] Fisher, M. *Realismo capitalista* (Autonomia Literária, 2020).

eliminá-las do jogo, transformando-as em cidadãos por meio da educação e do desenvolvimento social.

Apesar de mais aceita, não é mandatório que nos apeguemos à conhecida interpretação dessa crise como o sinal de um fracasso de representação. Podemos, ao invés disso, conceber o escândalo em face do comportamento de uma certa parcela da atual classe política – pensemos, entre outros, em Donald Trump, Jair Bolsonaro e seus congêneres – como mais um efeito do processo anteriormente descrito: a lenta marcha dos "sem-história" história à dentro, um efeito da generalização da disformia periférica por toda a parte[83].

De fato, esses "penetras" trazem para a cena uma certa "vulgaridade" que não reconhece os ritos democráticos como um espaço sagrado, pleno de sentido histórico; mas também trazem à tona, talvez contra a nossa vontade, as condições efetivas de qualquer projeto político contemporâneo, dado que esse predicamento socialmente trincado é o que parece nos esperar a todos, de uma forma ou outra[84]. Reside aí, então, uma das razões de porque quanto mais os defensores da "verdadeira" democracia denunciam e se escandalizam com esses novos atores políticos, mais eficácia esses parecem demonstrar para representar a

---

[83] Seguimos aqui a análise do geógrafo francês Christophe Guilluy em *Fim da Classe Média: fragmentação das elites e o esgotamento de um modelo que já não constrói sociedades* (Record, 2020)

[84] Em 2017, Edemilson Paraná observou este mesmo fenômeno quanto à ascensão política de Jeremy Corbyn no Reino Unido: "A relativa 'vulgaridade' de um ativista esquerdista no parlamento, que até então rendera a Corbyn, dentro e fora de seu partido, a imagem de inapto, fraco, delirante e até perigoso, acabou surpreendentemente traduzida, aos olhos do eleitorado, em marcadores de honestidade, decência, simplicidade e autenticidade – naquele que é, justamente por isso, 'um de nós' e não apenas 'mais um deles'". Disponível em: https://www.cartamaior.com.br/?/Editoria/Internacional/-A-situacao-da-jovem-classe-trabalhadora-na-Inglaterra-elementos-para-uma-analise-social-do-fenomeno-Jeremy-Corbyn/6/38343. Acesso em: 30 abr. 2020.

disformia social. Tanto no Brasil, quanto em outros lugares do mundo, a seguinte dinâmica vem se repetindo: quanto mais acusam políticos como Bolsonaro ou Trump de não respeitarem a democracia, mais aderência social eles adquirem; quanto mais desqualificados são por seus adversários em razão de sua vulgaridade, mais qualificados eles se tornam para encarnar essa nova face do conflito social[85]. Assim é que a desqualificação de alguns representantes políticos funcionam, em uma situação como essa, paradoxalmente, como reforço de sua eficácia.

A esse respeito, tornou-se prática corrente em alguns círculos intelectuais de esquerda definir o assim chamado "populismo de direita" seguindo, por exemplo, a teoria do populismo do Ernesto Laclau, como o caso de um líder que é capaz de aglutinar insatisfações as mais diversas sob a égide de um "significante vazio" ligado a um inimigo a ser exterminado. Esse significante, ou palavra de ordem, circularia simbolicamente como um atrator para todos os tipos de demanda social, mesmo aquelas contraditórias entre si. O problema é que essa teoria não dá conta de explicar porque, como dissemos, quanto mais se denuncia a incapacidade e a impotência do líder, mais ele parece uma figura aceitável. Se o líder não sustenta a tal palavra de ordem – ou seja, uma hora fala uma coisa, depois outra, se nem mesmo se habilita a encarnar di-

---

[85] Eis uma forma diferente de ler o "bonapartismo" que Marx analisa no *18 Brumário de Luís Bonaparte*: não tanto como uma questão de populismo – de tentar "representar a todos" debaixo de um mesmo "significante" – mas como a constatação de que aquele representante que é ele mesmo um convidado inesperado e contraditório no jogo democrático está mais apto, formalmente, a representar aqueles que não foram convidados para a "festa da democracia". Com a diferença, no caso de 1848, de que as colônias ainda tinham, à época, muito sangue disponível para alimentar a máquina histórica e, com isso, incluir o "camponês parceleiro" no horizonte comum da sociedade do trabalho, apaziguando assim as tensões que condicionaram o bonapartismo – o que não parece ser exatamente o caso hoje, ao menos no Ocidente.

reito essa representação – como é que ele pode dar "significância" a esse emblema? Isso indica que a força desse tipo de figura não advém da capacidade do seu discurso em produzir um "equivalente geral" das demandas sociais, mas justamente da sua capacidade de tornar inteligível que a lógica da representação não funciona mais. Lembremos que, em um dos primeiros debates na TV de Donald Trump, quando o empresário ainda disputava a posição dentro do partido Republicano, ele admitiu em rede nacional, para o horror tanto da esquerda quanto da direita, que havia doado dinheiro para a campanha de todos os outros candidatos ali presentes. Por um lado, isso configura um constrangedor deboche do rito democrático, mas por outro é uma forma de sustentar que o poder está, de fato, ancorado em outro lugar.

Do ponto de vista daqueles que acreditam que a democracia representativa é, essencialmente, todo o espaço político, estar "fora" do espaço democrático significa se colocar na posição de soberano, acima ou fora da lei. Mas, para a maioria das pessoas, esse "outro lugar" costuma ser um espaço muito bem definido, com suas leis próprias: no caso de Trump, é o mercado e o mundo empresarial. Se não considerarmos que há uma diferença, de um lado, entre estar com um pé fora do jogo democrático porque nos colocamos fora de toda lei ou, de outro, porque estamos com o outro pé em um regime normativo distinto, vamos colocar todos esses líderes "populistas" sob a mesma definição, deixando de notar uma diferença significativa entre aqueles – normalmente de esquerda – que estão com um pé na lei e outro na História com "H" maiúsculo, enquanto que outros extraem sua eficácia como representantes justamente da posição bífida que ocupam como pessoas privadas: Marcelo Crivella, um pé no palanque, outro no púlpito; João Doria, um pé lá e outro na fortuna privada; Jair Bolsonaro, um pé na candidatura e outro nas forças policiais e de segurança, etc. Estar dividido entre múltiplas leis é diferente de estar fora da lei[86]. Não se quer dizer com isso que se trate de algo "melhor", mas sim uma situação diferente; situação, aliás, deveras disseminada e naturalizada nos regimes sociais híbridos como o que habitamos – algo que pode ajudar a explicar porque muitas pessoas não veem essas figuras como tiranos "capazes de tudo", como seus adversários, particularmente na esquerda, muitas vezes os definem.

Cabe adicionarmos, para além desse fenômeno, que tal efeito impensado da democratização coloca inclusive em xeque os pilares da "ética da alteridade" como forma de navegar a democracia. A filosofia europeia do pós-guerra investiu muito, sabemos, na ideia de que nos orientando pelo respeito à diferença e à alteridade seria possível garantir um certo horizonte político democrático e evitar o surgimento do autoritarismo, mas o que testemunhamos agora é que respeitar o "outro" não é uma injunção ética consistente. Isso porque o grande problema atual é, digamos, o "outro dos outros" – isto é, o surgimento de uma diferença que é indiferente a um dado regime de diferenças, atestando aos limites da suposta pluralidade das posições que teceriam juntas o espaço público. Tem ficado claro como é difícil pensar esse tipo de indiferença sem recorrer a uma posição reativa, de defesa abstrata da democracia, onde a figura dos sem-história se torna indistinguível da figura do reacionário antidemocrático que quer puxar a história para trás. Assim, a crise da democracia demanda uma nova teoria da colcha de retalhos que compõe o espaço social, uma teoria capaz de acomodar a vulgarização e fragmentação dos regimes de alteridade.

---

[86] Uma teoria da direita derivada do modelo apresentado no nosso sétimo capítulo estaria em condição de conceitualizar devidamente essa amarração entre regimes normativos.

Portanto, as tarefas do dia são um tanto mais complicadas do que simplesmente dizer que a democracia real está bloqueada pelo aparelhamento das instituições e que, por isso, precisamos de outras rotas. Caso se aposte na tese de que vivemos efeitos colaterais de um processo real de democratização do espaço político[87], precisaremos admitir que não sabíamos muito bem o que de fato queríamos quando pedíamos por "mais democracia".

Box 3 – A votação do impeachment de Dilma Rousseff

Os leitores certamente se lembrarão da votação do impeachment da presidente Dilma Rousseff no Congresso. Se teve algo que serviu de alarme para muitos foi a maneira como grande parte dos deputados que votaram a favor da cassação justificaram sua decisão no microfone mandando beijos para a família, agradecendo a Deus, etc. Muitos analistas interpretaram isso como sinal de uma crise de representação na democracia: lá estava a nossa classe política falando de suas famílias, agradecendo a Deus e fazendo pouco de sua função de representantes do povo. Mas o que faziam, de fato, aqueles que não estavam nos representando?

De certo modo, para entender o que aconteceu ali, precisamos considerar que a "crise da representação" não precisa ser lida na chave do déficit – afinal, não foi preciso esperar 500 anos de história do Brasil para concluirmos que há um grau altíssimo de arbitrariedade entre representantes e representados

---

[87] Para outras análises do Brasil contemporâneo desde a hipótese de que não estamos simplesmente assistindo ao bloqueio da democracia por forças antidemocráticas, mas testemunhando também efeitos colaterais de um processo efetivo de democratização ver, por exemplo, Pinheiro-Machado, R. e Scalco, L.M *Da esperança ao ódio: juventude, política e pobreza do lulismo ao bolsonarismo* (Caderno IHU, 2018). Disponível em: http://www.ihu.unisinos.br/images/stories/cadernos/ideias/278cadernosihuideias.pdf. Acesso em 23 set. 2020.

na política institucional. Podemos, ao invés disso, entender a novidade dessa crise na chave oposta, pois também pode haver uma crise em uma plataforma política quando esta representa mais gente do que deveria, quando uma plebe[88] – que deveria ser absorvida e mastigada pela máquina da história, "imantada" pelo sentido do progresso – passa a ocupar um espaço que não foi feito para ela[89].

Enquanto a esquerda não der conta da relação de fundo entre a crise democrática e a exaustão do pacto progressista, isto é, enquanto não reconhecer que, em certo sentido, o laço entre a "ralé" pobre e a "ralé" rica é *menos arbitrário*[90] do que o laço entre o setor esquerdista da sociedade e seus representantes, é ela quem ficará de fora da cena política efetiva. Isso não quer dizer, claro, que devemos agir igualmente aos nossos adversários

---

[88] "Plebe" não designa, para nós, um termo pejorativo ou mesmo um estrato social bem formado. Nos referimos justamente àqueles que habitam essa disformia social que mencionamos, cujas formas de vida estão inscritas em mundos que não são comensuráveis entre si, ou seja, culturalmente é uma coisa, economicamente outra, etc. É também o estatuto de muitos dos que vieram a ser chamados de "batalhadores" ou mesmo do famoso "lúmpen-proletariado", mas também de certos estratos que se moveram com o processo de ascensão social no Brasil dos últimos dez, quinze anos; podendo ser considerado, ademais, o estatuto de uma plebe rica, emergente, etc. O traço em comum aqui é essa inscrição social *em outro lugar*, que esburaca um horizonte de sentido consistente, e que portanto atrapalha sua inclusão na cena institucional e no processo democrático enquanto espaço único e legítimo de representação das demandas e expectativas sociais.

[89] Para traçar um paralelo, curiosamente não muito arbitrário, qualquer um que já assistiu um programa de auditório brasileiro conhece bem a prática daqueles integrantes da plateia, que esporadicamente são convidados ao palco, de mandar beijos para pessoas de sua família e agradecer aos céus. Ou seja, o ato daqueles deputados pode tanto ser entendido como um sinal de poder do político perante o Congresso quanto como um sinal de impotência perante as câmeras de TV que transmitiam ao vivo a votação.

[90] Uma análise surpreendente desse ponto pode ser encontrada em Ruda, F. *Hegel's Rabble* (Continuum Press, 2011).

políticos, mas precisamos ser capazes de reconhecer o quanto devemos ainda hoje à fantasia de que a democracia representativa iria *silenciar* essa plebe – fantasia dedutível do desgosto de vê-los agora incluídos no debate[91].

Isso se traduz na tarefa de repensar o arcabouço teórico e prático da esquerda de modo a comportar o fato, bastante óbvio, de que a democratização, a socialização e a "comunização" não são operadores de apaziguamento ou esvaziamento de tensões: são maneiras de produzir novos problemas, novas angústias, pelas quais devemos aprender a nos responsabilizar. Hoje sabemos que um sinal mais confiável de um desejo efetivo de democracia é a capacidade de antecipar e se interessar pelos problemas que a democracia real produz – já que pedir "mais democracia", assim abstratamente, configura uma demanda um tanto ambígua, que pode, na verdade, simbolizar um desejo de que as coisas simplesmente voltem a ser como eram.

Porque apostamos na tese de que nosso mapeamento do espaço social e político está defasado, precisamos também admitir que não temos ferramentas para conceber com clareza as estruturas sociais que organizam o nosso predicamento. Não sabemos muito bem representar o que queremos, nem como avaliar quais os meios mais adequados para irmos em sua direção. Mas isso não implica nenhum tipo de paralisia ou derrotismo, antes o contrário: além de demandar uma certa humildade perante as coisas que nos surpreendem ou escandalizam, essa constatação nos convida a substituir o foco na democracia como uma finalidade ou emblema político por um novo cuidado com a democratização de qualquer atividade política. Vejamos.

---

[91] Guilluy analisa em *Fim da Classe Média* (Record, 2020) o desprezo dos líderes liberais e progressistas por essa massa precarizada e conflituosa que Hillary Clinton, em 2016, chamou de "deploráveis".

É evidente que existem muitas frentes de luta importantes hoje habitando esse terreno disforme e fraturado que é o nosso – desde políticas públicas até movimentos autonomistas. Observamos, em consonância com o novo estágio "flexível" do capitalismo[92], lutas de povos e comunidades tradicionais em defesa dos "comuns" e de seus modos de vida contra a nova rodada de acumulação primitiva em suas diversas formas, ou seja, *lutas contra a espoliação*; lutas no universo da reprodução ampliada, do trabalho e do bem-estar, a ser, *lutas contra a exploração*, bem como lutas populistas, dos "99%", contra a desigualdade crescente relacionada à escalada de financeirização, isto é, *lutas contra a especulação* – para não falarmos, com Axel Honneth, nas *lutas por reconhecimento*, dentre tantas outras. É inegável que todas têm feito ampliar consideravelmente o leque de alternativas e possibilidades, expandindo nossa imaginação política.

O que deve nos preocupar, no entanto, é a carência de plataformas de trânsito entre os resultados desses diferentes experimentos políticos. É como se ainda confiássemos que toda resistência, apenas por ser resistência, fosse comensurável com todas as demais lutas sociais – uma coisa irá reverberar na outra porque todas estão submersas em um mesmo substrato homogêneo. Ora, se a hipótese desta "condição periférica" está correta, então o fato é que vamos poder contar cada vez menos com esse pano de fundo comum, essa homogeneidade que garantiria de alguma forma a coexistência e coimplicação entre diferentes fragmentos sociais. Isso nos confronta com a possibilidade paradoxal de vivermos um período de intensa resistência, com

---

92 Para mais sobre essa caraterização da nova composição múltipla das lutas sociais em consonância com as transformações recentes nos regimes de acumulação, ver Harvey. D. *O Neoliberalismo: história e implicações* (Loyola, 2005).

uma multiplicação das frentes de luta, sem que isso acarrete em um efetivo acúmulo de força social.

Uma das maneiras de responder a esse predicamento seria assumir a tarefa de dar à democracia um novo sentido – político, mas também estético e epistemológico. Ao invés de tomar a democracia como um emblema que garante a articulação global entre lutas locais, seria o caso, talvez, de conceber a democracia como um trabalho concreto de articulação entre essas instâncias localizadas, mas imediatamente incongruentes entre si. Ou seja, não é mais suficiente apenas se engajar em uma dada frente de luta, é preciso ainda se preocupar em conformar as vitórias e derrotas de cada experimento político a um espaço "artificial", que precisamos construir, em que essas experiências possam se inscrever, se acumular e nos poupar de repetir os mesmos erros novamente. Em suma, não podemos mais nos preocupar exclusivamente em "vencer" no jogo democrático, é preciso também aprender a fracassar melhor, isto é, a democratizar as lições dos fracassos. Se tais hipóteses de fundo sobre a crise do modelo político da democracia representativa têm sentido, então talvez hoje seja menos o caso de insistir na democracia como emblema e mais de investir, como tentamos fazer no capítulo anterior, na construção de ferramentas que nos permitam avaliar o terreno acidentado das fraturas do capitalismo periférico e descobrir o que significa construir algo sob essas novas condições.

A experimentação com novas ferramentas técnicas, organizacionais e teóricas demanda também a construção de novas formas de medir e avaliar nossas responsabilidades e de definir o sucesso e o fracasso de uma dada ação política – isto é, um dimensionamento mais bem calibrado de nosso real impacto nos processos políticos em que tomamos parte. Pensemos, novamente, em nossas derrotas no quadro da ascensão recente da extrema-direita no

Brasil e em outras partes do mundo – frente às quais muitos relatam sentimentos não apenas de desorientação, mas também de medo e impotência. Se não formos capazes de avaliar a medida de nossa responsabilidade nesse processo – isto é, se deixarmos que o rumo de tais acontecimentos seja explicado puramente pela força maquiavélica dos nossos adversários –, não seremos realmente capazes de muito mais do que reforçar essa sensação de desamparo perante um outro enigmático e sem limites. A extensão do quanto erramos dá, na verdade, a extensão da nossa potência. Preferir colocar tudo na conta de um outro quase onipotente pode, sim, salvar nossas ferramentas de análise da realidade, mas é uma operação que só aumenta a sensação de angústia e impotência perante um adversário obscuro e sem limites. Em suma, qualquer partido ou organização que queira estar à altura de nossa situação precisa ajudar a construir essa democratização dos experimentos políticos[93] – o que significa tanto inventar modos de navegar um terreno desconhecido, quanto de aprender sobre ele inclusive com nossos tropeços. Às vezes ir à público declarar que erramos é muito mais democrático do que gritar aos quatro cantos que estamos prontos a defender a democracia.

Alguém disse fascismo?

Não haverá como fugirmos, então, em meio a essa reflexão, ao debate em torno dos desafios que nos esperam pela frente. É evidente que, diante do presente cenário nacional e internacional, não faz muito sentido nutrirmos grandes expectativas

---

[93] Para um exemplo de intervenção que caminha justamente nessa direção de dimensionar não apenas a potência dos adversários, mas os nossos fracassos e limites, em prol de uma democratização efetiva das conquistas e derrotas de nosso campo, ver o livro *Sintomas Mórbidos*, de Sabrina Fernandes (Autonomia Literária, 2019).

quanto ao porvir. Mas, ao mesmo tempo, não seremos capazes de produzir quase nada de consistente ou sustentável enquanto nos mobilizamos apenas em torno de barrar uma ameaça. Isso não quer dizer que frentes antiextremistas não sejam necessárias, ou que não seja essencial elaborar formas de resistência diante do pior, mas raramente as alianças, discursos ou ideias que surgem desse tipo de mobilização sobrevivem às vitórias e fracassos que ensejam. A questão, então, é como submeter a tática da resistência – através de redes de apoio, protestos e ações específicas – a uma plataforma menos reativa, que não apenas amplifique a eficácia dessas ações, como também permita um acúmulo de forças mais estratégico.

Para aqueles que adotam hipóteses parecidas com as nossas a respeito da periferização do mundo, é notável como, algumas vezes, essa luta de caráter mais reativo mistura a resistência contra uma ameaça real a uma resistência de outra ordem, mais fantasmática – dado que não é apenas o extremismo de direita que avança no mundo hoje, mas também essa tal disformia social de que falamos. O perigo da luta que equaciona, ou confunde, essas duas coisas é que esta pode terminar, como se diz, por "jogar fora o bebê com a água suja do banho". Isso porque o combate ao extremismo reacionário só é possível através da assunção efetiva da condição periférica do próprio projeto de uma nova esquerda. Se permitimos que nosso medo da direita e nosso medo dessa nova condição social coincidam, também abrimos mão de conhecer e nos localizar no terreno em que a luta política contemporânea se dá – e, para piorar, figuramos a direita como uma força mais potente do que de fato é, pois esse processo social de fundo é uma tendência que ela também não tem força para controlar.

É possível dizer a que demofobia demonstrada por setores significativos das esquerdas diante do processo político recente de ascensão de figuras populares de extrema-direita se relaciona a um misto de angústia e desorientação em se situar neste "novo" terreno. A isso se conecta o papel cauteloso, de moderação e amortecimento das tensões políticas e ideológicas que tais esquerdas passam a assumir nesta conjuntura de intensificação de conflitos – e, portanto, de radicalização – que desponta por toda a parte. Por mais bem intencionado que seja, o resultado prático do apego a uma imagem anacrônica de progresso (como socialização homogeneizante, inclusão e integração crescentes, etc., com as suas consequências "democratizantes") é justamente a objetivação de uma posição "conservadora", que busca "resistir" aos ataques e mudanças inesperadas e "defender", a qualquer custo, as instituições liberais-representativas, o Estado democrático de direito, a "tolerância" e a "pluralidade", o "multiculturalismo", o "cosmopolitismo", etc. Ao serem tragicamente empurradas para a posição de defensoras de uma ordem que desmancha, as esquerdas terminam por reforçar sua posição relativa de alvo potencial do ressentimento que se acumula em decorrência dessa desintegração mesma. O papel de suposto ataque e destruição da ordem em crise, de canalização do ressentimento político e social, termina assim, caindo no colo da nova direita que, claro, não se furta a ativá-lo oportunisticamente sempre que isso é possível.

Por tudo isso, o uso da categoria fascismo para descrever de maneira geral essa nova extrema-direita nos parece absolutamente precário. E não porque a situação não seja preocupante e perigosa, mas porque existem muitos tipos de perigo, todos eles igualmente obscenos e terríveis, inclusive perigos talvez maiores do que aquilo que se tem chamado de fascismo. Nossa preocupação aqui, conforme dito antes, tem a ver com a capacidade de dar dimensão, contorno, aos atores e forças sociais e políticas em jogo atualmente. E, em direção oposta, o termo "fascismo" tem sido usado muitas vezes como o único nome possível para aquilo que configura o "outro" da democracia. Os efeitos dessa expansão terminológica podem ser nefastos, porque essa forma de analisar a situação não é capaz de distinguir um traço da topografia social contemporânea – a condição periférica e sua relação enviesada com as instituições do progresso – de um projeto político que pode se utilizar desta condição, mas que definitivamente não se confunde com ela. Dessa forma, acabamos colocando tudo aquilo que interrompe o espaço democrático como vindo do mesmo lugar – um "desejo de fascismo" adormecido no coração do brasileiro – e esse definitivamente não nos parece ser o caso.

Mais além da noção indistinta de "fascismo", podemos, por exemplo, diferenciar duas lógicas sociais em que o ódio adquire um papel central – isto é, duas maneiras de estruturar o medo do estranho, ou a xenofobia.

Existe a xenofobia dirigida contra o diferente – trata-se da formulação clássica que sempre aparece em nossas análises do fascismo: uma crise econômica cria um cenário de instabilidade social, e um movimento reacionário acopla um programa de estabilização aliado ao liberalismo com a eleição de um certo grupo social como bode-expiatório a ser culpado pela crise, no lugar do próprio liberalismo econômico. A eleição desse grupo se daria pelo o que ele tem de distinto da comunidade ameaçada pela crise social: o judeu, o negro, o homossexual, a mulher, o louco, etc. – que emergem como estrangeiros no mundo do homem branco heterossexual, etc. Não há dúvida de que essa forma de segregação do diferente é a principal marca política do século XX no Ocidente, e é ela que tendemos a identificar como marca distintiva do fascismo.

Mas existe ainda uma outra lógica xenófoba, pois o que nos é estranho não é necessariamente o que nos é alheio. Aqui, o ódio é dirigido não àquele que se distingue socialmente de mim, mas àquele que é *excessivamente indistinto* de mim, que me obriga a me reconhecer em um lugar social ao qual já pertenço, mas contra o qual eu luto para sair. No Brasil, por exemplo, tendemos a apresentar como indício das formações de ódio que estão nos assolando a reação da classe média brasileira com a recente entrada dos pobres na universidade ou nas filas de embarque em aeroportos. Se só existisse uma lógica de segregação, aquela que visa expulsar o diferente, teríamos de interpretar essa situação como um incômodo com um outro que não pertence àquele espaço e que se quer empurrar de volta para a obscuridade. Mas é importante considerar a hipótese inversa, de que a presença do pobre é incômoda não porque obriga a classe média a lidar com o diferente, mas porque revela que não há quase nenhuma diferença entre o acesso precário, revogável, àquele serviço por parte desse novo usuário e o acesso supostamente garantido dos demais. Trata-se de uma situação que torna claro que a classe média como um todo tem, no fundo, um acesso igualmente precário a uma forma de vida que ela também encontra dificuldades para emular. O ódio apareceria aqui, de acordo com essa hipótese, como uma estratégia defensiva de distinção social – e, de fato, o repúdio e a agressividade não visam estabelecer nenhum vínculo nostálgico e comunitário, nenhuma identidade nacional, entre os odiosos, nem mesmo construir uma figura específica do outro a ser segregado. Se trata de uma resposta à emergência angustiante do fato que estamos todos sendo tragados pela periferização da vida, e o nosso horizonte de sentido, em que democracia e consumo se retroalimentam, não é nada garantido[94].

É certo que ambas as formas de xenofobia operam em conjunto atualmente[95], mas sem distingui-las devidamente, sem analisar como se misturam, como se beneficiam de diferentes situações, em diferentes países, teremos enorme dificuldade para entender o que está acontecendo. Isso vale tanto para a importação descuidada de modelos de ação política – pela questão que já discutimos anteriormente, da crise de mapeamento cognitivo e sua relação com a articulação centro-periferia –, mas também para a análise das forças reacionárias, como se o que acontece na Europa, no centro que se contrai, fosse igual ao que acontece por aqui, onde a periferia se expande. Por exemplo, será que devemos mesmo definir como "fascismo" as formações reativas em que o ódio é dirigido principalmente contra o igual, contra aquilo que posso potencialmente me tornar? Como se disse, não se trata de adotar uma postura leniente com a extrema-direita, algo como "isso não é fascismo, não é tão ruim assim", mas antes de apontar que existem formas inúmeras de infortúnio político, cada uma delas com

---

[94] Poderiam, diante disso, nos perguntar: por que essa estratégia de ódio é sempre tingida de ideais conservadores, de direita? Ocorre que isso não aparece apenas na direita. A diferença, se podemos assim dramatizá-la, é que do lado da direita essa estratégia aparece como *um ódio ao que, no outro, é igual a mim*, enquanto que na esquerda ela aparece como *um ódio ao que, em mim, é igual ao outro*. Um artigo recente de Christian Dunker toca nesse ponto ao analisar a relação da esquerda com o dinheiro: *Por uma esquerda que não odeie o dinheiro*. Disponível em: https://blogdaboitempo.com.br/2020/08/12/por-uma-esquerda-que-nao-odeie-o-dinheiro/. Acesso em: 23 ago 2020.

[95] Ao falarmos de dois tipos de xenofobia, é preciso que fique claro, não estamos propondo algo como dois paradigmas que se sucedem no tempo, ou coisa do gênero. Por exemplo, nem a contradição entre campo e cidade em 1848 na França, nem em 1918 na Rússia poderiam ser entendidas sem considerarmos ambas as formas.

seu inferno particular. Um regime que se alimenta, ao mesmo tempo, da expansão da experiência social fraturada e do ódio contra a emergência dessa disformia não joga "diferente contra diferente" – o que tensionaria conflitos sociais mais ou menos bem demarcados por grupos sociais distintos – joga, acima de tudo, "igual contra igual", o que enseja um processo de espiral autofágico, com limites bem menos definidos. E tudo isso com uma consequência alternativa bastante assustadora: enquanto, pelo menos idealmente, o ódio ao diferente poderia ser barrado ou prevenido com mais diálogo e democracia, no segundo caso, quanto mais próximos todos somos colocados, mais grave se torna a situação! É um predicamento que tende mais a reproduzir confrontos como aquele entre uma polícia negra e pobre e uma juventude periférica negra e pobre, em que os efeitos imediatos da violência são gritantes, mas suas causas permanecem ausentes e sem contornos, do que uma situação em que um grupo com nome e endereço assume o desejo de exterminar outro grupo social. Ainda estamos por nomear adequadamente o que significa a generalização desse horror típico da vida periférica.

O discurso político e o território disforme

Tratamos brevemente, até aqui, da diferenciação entre duas formas de ódio, distinguindo entre o ódio ao diferente e o ódio ao igual. Argumentamos que para melhor discriminar essas duas lógicas devemos separar a emergência de uma nova extrema-direita das novidades do terreno social que serve de palco a ela – de maneira bastante simplificada: a emergência, na vida política, de uma "plebe" como efeito da disformia social própria à condição periférica.

Em meio a esse imbróglio, e caso queiramos voltar ao "caso Bolsonaro" como plataforma para uma reflexão sobre os limites deste quadro, um ponto importante diz respeito à relação da maioria das pessoas com o discurso de ódio e preconceito. Evidentemente, o que há de mais enigmático não se refere àqueles que tomam a emergência de Bolsonaro como uma autorização para praticar atos de violência, mas a maioria do seu eleitorado, ou seja, aqueles que votaram nele e ao mesmo tempo se escandalizam ao tomar conhecimento de agressões ou de assassinatos de motivação política – se tanta gente vota em Bolsonaro porque quer mais segurança, é de se esperar que essas pessoas não vejam com bons olhos, afinal, o aumento da violência[96]. Mas como explicar, então, essa conivência com um discurso que, por outro lado, é assustador e odioso?

O psicanalista francês Christophe Dejours, que se dedica a estudar a psicologia do trabalho, define, em seu livro *A banalização da injustiça social*[97], aquilo que chama de "mecanismos coletivos de defesa", ideia que pode nos ajudar aqui. Pensemos, para isso, no seguinte caso. Um homem trabalha como pedreiro em um canteiro de obras, e passa o dia carregando tijolos na laje de um prédio em construção, sem nenhum sistema de segurança, exposto a um risco terrível. Uma das formas que ele encontra para mitigar esse risco, além do zelo com sua tarefa, é transformar a humilhação de seu desamparo em um ritual com os demais colegas pedreiros – quem se arrisca mais não

---

[96] As pesquisas da antropóloga Isabela Kalil são preciosas aqui - recomendamos, por exemplo; *Quem são os eleitores de Bolsonaro e no que creem* - disponível em: https://isabelakalil.files.wordpress.com/2019/08/relatc3b3rio-para-site-fespsp.pdf. Recomendamos também Pinheiro-Machado, R. e Freixo, A. *Brasil em transe: bolsonarismo, nova direita e desdemocratização* (Oficina Raquel, 2019).

[97] Dejours, C. *A banalização da injustiça social* (FGV, 2011).

é quem está em piores condições humanas, mas quem é mais "macho". Essa é uma das maneiras de criar um mecanismo de defesa que, por um lado, torna o trabalho possível, e, por outro, banaliza a injustiça ali no canteiro de obras. Mais que isso, obriga o pedreiro a assumir uma posição no discurso que é sobredeterminada não por sua posição pessoal, seu inconsciente, etc., mas por sua posição como trabalhador. Isso é perceptível quando, após o dia de trabalho em que ele ficou lá, se dirigindo agressivamente às mulheres que passavam na rua, ele vai para casa e se encontra com a esposa e a filha, que não participam em sua economia libidinal da forma como as outras mulheres aparecem nesse mecanismo virilizado de defesa. Ou seja, ele é obrigado a fazer uma acrobacia psíquica – e muitos adoecem em decorrência disso – basicamente porque precisa habitar regimes normativos incompatíveis[98]. Quem trabalha com certas áreas, principalmente com cultura, conhecimento e ação social, pode não conhecer esse tipo de estratégia de defesa, ou não perceber sua existência, porque esses são ambientes em que geralmente a pressão do trabalho já se articula em termos dos valores culturais que a pessoa defende, como a necessidade de trabalhar mais porque "acreditamos no projeto" – o que leva a outros tipos de adoecimento, inclusive –, mas a maior parte dos ambientes de trabalho são acompanhados de mecanismos parecidos, sem os quais as pessoas não aguentariam as dificuldades impostas por seu regime de trabalho. Isso não significa, é claro, que os efeitos dos discursos reproduzidos por essas estratégias não sejam absolutamente nefastos, mas indica que nem sempre podemos deduzir a relação que o falante tem com o discurso de ódio a partir das consequências odiosas de sua fala.

---

98 Dejours, C., Bensaid, A. *Psicodinâmica do trabalho: casos clínicos* (Dublinense, 2017).

No entanto, dependendo de como pensamos a relação entre discurso e política, essa discrepância entre causa e efeito pode se perder. Pois uma coisa é mostrar que os discursos participam do circuito de causas e efeitos na política – reproduzindo estereótipos, limitando quem pode falar e o quê, contribuindo para a vulnerabilização de pessoas, etc. –, outra coisa é defender que os discursos são o próprio circuito causal ele mesmo. A nossa incapacidade de avaliar de onde vem a eficácia do discurso bolsonarista – dado que boa parte da população não compra de todo o que ele diz – sugere uma adesão a essa segunda concepção de discurso: o bolsonarista é o que o bolsonarista fala. Em tempos de pandemia e coronavírus, a metáfora do contágio pode ser pertinente: é claro que a disseminação de um vírus tem consequências, mas as taxas de contágio e sua difusão no espaço não podem ser retiradas dos contextos e da geografia social na qual esse circuito se insere. Se ficarmos seduzidos pela lógica do contágio, vamos deixar de observar quais condições materiais – acesso à saúde básica, falta de informação, desconfiança dos órgãos públicos, impossibilidade de isolamento social, etc. – efetivamente moldam o curso dessa disseminação. Analogamente, uma teoria do discurso não é suficiente para explicar sua pregnância, ou mesmo quando as palavras podem ser fatais: é preciso ainda de uma teoria dos lugares por onde as palavras circulam.

Novamente, isso não significa diminuir o perigo de um governo que reproduz emblemas nazistas e palavras de ordem odiosas, mas reforça a necessidade de assumirmos posições que nos permitam melhor dimensionar a lógica do que está acontecendo. Não nos parece um dado insignificante que a tese do discurso como principal força política só seja efetivamente sustentável quando nos mantemos não apenas em uma "bolha cultural", mas em uma bolha no próprio mundo do trabalho.

Box 4 – Bolsonaro e a nova direita

Uma análise que considere tanto a circulação dos discursos quanto o terreno erodido onde transitam essas imagens e palavras de ordem nos permite também levantar uma nova hipótese sobre a diferença entre o populismo do século XX e sua nova encarnação contemporânea. Na falta de novas ferramentas teóricas, é comum encontrarmos análises do funcionamento do governo Bolsonaro e de sua pregnância popular que reconhecem ali os marcos do "populismo de direita" descrito por autores como Ernesto Laclau e Chantal Mouffe. Apelo ao imaginário antielitista, declarações contraditórias, uma política baseada nos afetos e não nos projetos políticos, a busca por um bode expiatório para as contradições sociais – tudo parece apontar para a caracterização do bolsonarismo como um populismo aos moldes já conhecidos.

No entanto, quando diferenciamos o que chamamos de periferização do tecido social dos diferentes modos como as esquerdas e as direitas navegam esse terreno, também somos capazes de distinguir entre situações em que um projeto político efetivamente unifica e propele uma tendência ou movimento social através de suas ações e imagens e outras em que essa capacidade de direcionamento é ela mesma a imagem a ser propagada, enquanto há, na verdade, um atraso da plataforma política em relação a forças que ela visa representar, mas não é capaz de controlar. No primeiro caso, temos um populismo ativo, no qual a política organiza forças sociais em torno de um discurso comum, mas no segundo temos uma operação diferente: é o caso de líderes que tentam se associar a processos sociais sobre os quais não têm nenhum grande poder, performando um papel de direcionamento que, efetivamente, não têm condição de sustentar, barganhando a imagem de força em troca do reconhecimento da existência e legitimidade desses processos. De certa forma, é uma lógica que se assemelha a dos grupos terroristas que assumem a autoria de atentados que são na verdade fruto de tensões sociais pulverizadas e estruturais.

Do ponto de vista dos seus opositores, a distinção raramente é feita, uma vez que, na falta de outras formas de modelar o espaço social e político, a crítica costuma estar igualmente interessada em mostrar que o líder de direita é na verdade uma expressão das contradições sistêmicas – de modo que distinguir o movimento dessas tensões no tecido social e o papel acessório da liderança política nesse processo parece ser um tiro no pé taticamente. Acontece que essa distinção – que nos permite propor uma nova abordagem para o fenômeno do bolsonarismo como uma espécie de "populismo passivo", mais preocupado com se confundir com forças sobre as quais não tem poder do que governar ou direcioná-las – também permitiria à própria esquerda rever sua confiança no poder de encantamento e unificação de suas próprias lideranças históricas, ou na capacidade de um novo projeto político de reunir o povo sob um novo pacto hegemônico[99].

---

[99] Nas eleições de 2018, por exemplo, o fracasso eleitoral de Ciro Gomes exemplifica muito bem o que acontece quando acreditamos que o terreno social ainda é o mesmo de antes e que há espaço para que uma liderança unifique o descontentamento popular em uma dada direção política: tentando traçar uma diagonal entre o antipetismo e o antibolsonarismo, Ciro tentou lançar um movimento por uma "terceira via" ainda no primeiro turno – e descobriu amargamente que, em uma sociedade periferizada na qual os fragmentos sociais não encaixam entre si, nenhuma imagem ou bordão político carrega esse poder de síntese.

A lógica do "populismo passivo", que se aproveita da falta generalizada de mapeamento da disformia social para se fazer causa de efeitos sistêmicos que na verdade não controla, exemplifica muito bem a máxima proposta pelo filósofo francês Jean-Pierre Dupuy: "o poder e a ilusão de poder são a mesma coisa". Lutando para organizar diferentes frentes conservadoras e reacionárias que também não são homogêneas entre si – como nosso modelo analítico, apresentado no capítulo anterior, nos permite avaliar – a unidade da extrema-direita como um discurso hegemônico que pauta o destino social é na verdade efeito de uma barganha inteligente com o processo de rearranjo violento da sociedade fraturada que, por enquanto, encontra mais reconhecimento e legitimidade entre as forças de direita do que nas esquerdas, na qual a crença na sociabilidade homogeneizante do século passado se confunde com a crença na sua própria capacidade de protagonismo político.

Sabemos que propor esse tipo de análise parece um capricho – e tem sido difícil pensar fenômenos como o bolsonarismo sem que essa mínima distância pareça por si só uma afronta à seriedade da situação, uma forma de enfraquecimento das forças antifascistas. Mas a outra opção parece ainda pior. Em um livro bastante conhecido, Herbert Marcurse[100] falou sobre a ideia de uma "contrarrevolução sem revolução"[101]. Pois bem, o perigo

---

[100] Marcuse, H. *Contra-revolução e revolta* (Jorge Zahar, 1973).
[101] Trata-se de ideia analogamente explorada, no Brasil, por autores como Florestan Fernandes – v. *A Revolução Burguesa no Brasil*, Ensaio de Interpretação Sociológica. Rio de Janeiro: Zahar, 1974 – e Ruy Mauro Marini – v. *Subdesenvolvimento e revolução*. Florianópolis: Insular, 2012. Algo que, caso se leia com cuidado, aparece, em certo aspecto, já nas primeiras linhas do *Manifesto Comunista*: de um lado havia o "espectro" do comunismo – espectro esse que Marx, poucos meses depois, reconheceria ter sido apenas isso mesmo, um fantasma –, mas de outro estavam posicionadas "todas as potências da velha Europa", que se uniam para "conjurar" essa ameaça; potências essas que não eram nada fantasmagóricas, mas bem reais.

é que a esquerda entre ela mesma de cabeça nessa lógica contrarrevolucionária e que não faça mais questão de distinguir os fantasmas das potências efetivas: por um lado satisfeitos de termos nossa pouca expressividade concreta confundida pelos outros com uma grande ameaça, e, por outro, satisfeitos com não mensurar as forças da direita, pois esse espectro ameaçador que a acompanha vai se tornando a única alavanca que temos para mobilizar uma aliança entre "todas as potências" da esquerda. Nada de bom pode sair disso.

9. Arquitetura de arestas

Gabriel Tupinambá e Edemilson Paraná

Periferização das esquerdas

Este livro tenta elaborar ferramentas para avaliarmos a situação das esquerdas hoje, especialmente no Brasil. A principal ideia, seguindo uma intuição apresentada por Edemilson Paraná no primeiro capítulo, é partir da premissa de que não podemos pensar a esquerda como uma coisa só, porque existem pelo menos três plataformas de esquerda distintas, que na realidade concreta estão sempre misturadas, cada uma estruturada por uma lógica diferente: aquela lógica de esquerda que se constituiu a partir da dimensão econômica, aquela que pensa o mundo desde o problema do Estado, e aquela que parte da cultura e dos costumes. Ao invés de tentarmos reduzir a priori a heterogeneidade dessas correntes a uma lógica só, mais fundamental, tentamos partir dessa multiplicidade e estudar os ganhos e conflitos que surgem quando tentamos unificá-las localizadamente de diferentes maneiras.

Por exemplo, torna-se possível identificar uma possível tensão entre a consistência ideológica de cada uma dessas três "esquerdas" – que são tão mais consistentes quanto mais autônomas entre si – e a consistência dos seus efeitos de transformação, que depende da mistura, e, portanto, perturbação, de sua consistência enquanto teoria ou posição. Por um lado, a esquerda que se orienta pela crítica do capital só consegue pensar sua própria orientação se criticar as demais – os parlamentares ditos "reformistas" e a esquerda que chama de "festiva". No entanto, em geral, ela só consegue produzir efeitos na medida em que se organiza em partidos que tem uma plataforma eleitoral e depende de uma militância que é paga em "alegria" ou "satisfação" de estar lutando pelo "lado certo da história", dependências essas que são inconsistentes com sua própria orientação ideológica. E a mesma contradição vale, também, para organizações pautadas pelas demais lógicas.

Do mesmo modo, podemos retomar os eixos do nosso modelo para considerar as diferentes temporalidades em jogo em cada uma dessas lógicas – temporalidades que podem inclusive tensionar umas às outras. São muitos os tempos do capital: o tempo "arcaico", mas também sempre presente da acumulação primitiva, o tempo discreto da produção, dos ciclos variáveis de reprodução, o tempo cronológico da circulação, o tempo irregular das valorizações e desvalorizações cotidianas nos mercados financeiros, o tempo crítico das crises, etc. Dinâmicas que podem se constituir e desconstituir, em termos de alcance e presença, localmente, regionalmente, nacionalmente, em dimensão continental e até global. Se pensamos no Estado, podemos falar no tempo cíclico das eleições e administrações, no tempo gradual da burocracia e das reformas, no tempo próprio das rupturas e revoluções, temporalidades que se encontram na superposição, distribuição e hierarquização diferencial dos espaços de mando e soberania: cortes, ministérios, assembleias; municipalidades, regionalidades e nacionalidades em ação e disputa no ambiente continental e global. Se é da comunidade que se fala, podemos visualizar a temporalidade sazonal dos rituais, o tempo sutil das tradições, o tempo conflituoso das mudanças e inovações, o tempo das gerações, o tempo dramático da guerra. Comunidades essas integradas ou desintegradas em lugares e espaços de pertencimento os mais diversos, com tamanhos, alcances e valores distintos.

No interior de um modelo que pensa as organizações políticas a partir das próprias categorias que mobiliza para compreender a realidade social, cabe problematizarmos, então, tal articulação espaço-temporal na composição relacional do espectro político contemporâneo. A partir de qual composição de lógicas definimos, afinal, o que é ser "conservador" ou "progressista"? Qual peso tem para cada formação concreta das esquerdas – com suas misturas institucionais, econômicas e comunitárias – a história, a importância constitutiva do passado, o apego ao presente ou a projeção de uma ideia de futuro? E como compatibilizam ou privilegiam diferentes temporalidades em suas visões estratégicas? E como essas diferentes lógicas estruturam o "horizonte" político de cada organização, uma vez que horizonte pode ser uma imagem a um só tempo espacial e temporal?

É possível perceber, a essa altura, que tal maneira de tentar reconstruir ferramentas conceituais para pensar o que é a esquerda já é ela mesma uma tentativa de responder ao que chamamos de "condição periférica", que trinca a homogeneidade social do nosso predicamento atual. Afinal, as matrizes do pensamento de esquerda foram elaboradas ao longo de uma sequência histórica em que essa forma social que descrevemos – na qual estamos inscritos em muitos mundos ao mesmo tempo, sem pertencer completamente a nenhum deles, e sem eles serem consistentes por si só – parecia ser um efeito passageiro da expansão de uma outra forma social, essa sim "de futuro": o "Estado-Nação-Capital", forma que nasce com a modernidade, como uma articulação positiva entre três lógicas que se autorreforçam. Então, desde esse ponto de vista sociológico, que ao mesmo tempo nos obriga a fazer uma revisão crítica de três correntes do pensamento de esquerda, tentamos elaborar ferramentas que, de um lado, nos ajudem a mapear as forças que operam dentro das organizações de esquerda e, de outro, nos preparem para lidar com o fato de que o próprio movimento de luta também cria seus próprios impasses e problemas.

Box 5 – A exceção do capitalismo no século XX

Em grande medida, a mudança substantiva nas relações de poder dentro dos (e entre os) países – cuja ampliação generalizada das assimetrias e desigualdades de todo tipo denúncia – está relacionada ao enfraquecimento global do poder do trabalho, causado também, ainda que não apenas, pela duplicação da força de trabalho mundial, sob condições capitalistas, realizada, em especial, após as crises e transições ocorridas nos países do bloco soviético, China[102], Índia, entre outros que, somados, contabilizam a maior parte da população mundial.

Sabemos, com Marx, que se, de um lado, a acumulação exponencial (e vale nos atentarmos aqui não apenas para a taxa de crescimento relativo, mas para o aumento constante do volume

---

[102] O desenvolvimento econômico, mudança social e ascensão geopolítica da China a que se relacionam às transformações gerais no sistema capitalista mundial, brevemente delineadas no capítulo anterior, é tópico de importância fundamental para a compreensão da conjuntura presente, dada dimensão tectônica assumida por este processo nas últimas décadas. No entanto, devido às limitações deste trabalho, não será aqui tematizado. Para uma discussão detida sobre a trajetória desenvolvimentista chinesa e seus desafios contemporâneos, ver Paraná, E.; Ribeiro, V. L. *Virtù e Fortuna: a trajetória da ação desenvolvimentista chinesa e seus desafios contemporâneos*. In: Revista da Sociedade Brasileira de Economia Política, n. 54, set-dez, 2019.

de capital acumulado, em termos absolutos) expande o emprego de força de trabalho, de outro, o aumento da composição orgânica do capital, vinculada ao desenvolvimento tecnológico, enseja uma rápida ampliação de população excedente. A ampliação do "exército industrial de reserva" atualmente não está, portanto, relacionada apenas ao crescimento populacional e incorporação de parcelas crescentes à economia de mercado capitalista, mas à reestruturação produtiva levada a cabo em nível mundial durante as últimas cinco décadas.

Um enfraquecimento relativo e absoluto do poder econômico e social do trabalho aprofunda-se, então, com a digitalização extensiva da atividade econômica (produção, circulação e consumo) que ampara uma nova rodada de mercantilização, de "comodificação" de atividades antes não direta e imediatamente expostas à esfera mercantil – que, assim, penetra, ainda mais, no governo da vida privada. O domínio do capital se estende, desse modo, tanto extensivamente – ou seja, geograficamente, abrangendo todo o globo – quanto intensivamente, internamente, aprofundando a colonização da subjetividade e da esfera privada individual no bojo das novas formas de produção e consumo de informações e conhecimento.

Neste cenário, marcado, ao mesmo tempo, por alta composição orgânica do capital e abundante oferta de força de trabalho – e, junto disso, pela ampliação do contingente de pessoas consideradas "supérfluas" do ponto de vista da acumulação de capital – parece exacerbar-se em toda a parte, em meio ao aprofundamento das desigualdades, um "brutalismo"[103] na gestão da força de trabalho (empregada e não-empregada), cujo controle passa, cada vez mais, pela "coerção" em detrimento do "convencimento".

---

103 Definição emprestada de Mbembe, A. *Brutalisme*. Paris: La Découverte, 2020.

Assim é que o "maravilhoso mundo novo" das biotecnologias, dos novos materiais, dos algoritmos e da inteligência artificial, da digitalização e plataformização de tudo é a um só tempo o mundo da hipertrofia penal[104], da criminalização da miséria, do trabalho precário e sub-remunerado imposto às maiorias sociais e minorias políticas – um cenário que, ao expandir-se da periferia para o centro, parece nos chamar a atenção para o caráter excepcional, restrito no tempo e espaço, da "aventura welfarista" do capitalismo desenvolvimentista do pós-guerra, décadas que representam, na verdade, apenas um parênteses na história do modo de produção capitalista.

Cumpre destacar que o caráter "fictício" da valorização no capitalismo contemporâneo de que se disse antes não significa, definitivamente, uma indiferença em relação à necessidade de exploração do trabalho, antes o contrário. Massas cada vez mais significativas de mais-valor devem, como lenha, queimar na gigantesca fogueira da financeirização. A obtenção desse "combustível", dadas a aceleração e a virulência de uma combustão que se expressa num processo de apartamento ou, melhor, de autonomização relativa entre esfera financeira e esfera produtiva, precisa transcorrer justamente sem considerar os limites de outrora, as contemporizações e compromissos, o horizonte normativo mínimo, em suma, que servia de barômetro às disputas sociais no interior daquele modo relativamente mais "enraizado" de acumulação capitalista.

Sabemos que a história da sociedade industrial nascente é a história da proletarização e da imposição brutal da disciplina do trabalho. O sistema de Justiça e sua polícia, os manicômios, prisões, quartéis e escolas, consolidam-se, na modernidade, em

---

[104] Ver, para tanto, entre outros, Wacquant, L. *As prisões da miséria*. Rio de Janeiro: Jorge Zahar, 2001.

defesa da propriedade privada em geral, e a serviço, em particular, de um sistema que necessita empregar produtivamente uma força de trabalho dócil e abundante. Ainda que essa tenha sido desde sempre a realidade de parcela significativa da população mundial, expande-se globalmente, agora, no entanto, a necessidade de se impor uma "disciplina da falta de trabalho", de garantir o controle de multidões que simplesmente não têm e que sabem que possivelmente não terão emprego.

Em suma, parece desfazer-se, por toda a parte, onde quer que ela tenha existido – de modo frouxo ou sólido, prático ou potencial, em sonho ou realidade – aquela articulação típica do horizonte progressista: o tripé cidadão-consumidor-trabalhador, em que aquele que trabalha pode consumir e, ao trabalhar e consumir, pode gozar de direitos de cidadania que marcam seu orgulhoso pertencimento à comunidade nacional. Quando, de modo sistemático e escancarado, se faz cinicamente evidente que, cada vez mais, quem trabalha não consome e quem consome não trabalha, entra em xeque a própria ideia de um conjunto mínimo de direitos e deveres que constitui como tal a ideia moderna de cidadania e, junto dela, a marcha "civilizadora" do liberalismo.

Mobilizamos, ao longo dessa discussão, a diferença entre a forma social do Estado-Nação-Capital, de um lado, e a disformia periférica, do outro. No primeiro caso, situamos uma amarração positiva entre as lógicas do contrato social, do laço comunitário e do valor, que constitui um espaço público, uma ideia de "povo", com passado e futuro, etc. No segundo, uma situação em que essas três lógicas se articulam de maneira inconsistente, sem formar um mundo comum, vulgarizando a relação com o espaço social e fraturando a consistência das instituições de representação política. Mencionamos que um dos efeitos dessa disformia é o esvaziamento de um substrato comum que garantiria um tecido social mais ou menos homogêneo, costurado pela promessa de que o progresso técnico e o trabalho nos levariam à superação dos conflitos sociais.

Ocorre que, historicamente, boa parte da esquerda sempre pôde contar com esse substrato comum, que, até um certo momento do século XX, era concretamente lastreado pela maneira como a economia capitalista reorganizava os espaços por onde passava, e que garantia, pelo menos parcialmente, as condições materiais para a politização emancipatória. E por condições materiais falamos, aqui, de algo bastante concreto; por exemplo, a quantidade e qualidade de tempo que a luta política, separada da organização e reprodução da vida cotidiana, consome de nossas vidas. Fazia parte da própria organização do trabalho e da extração de valor desnaturalizar as formas de vida, imprimir um regime impessoal indiferente aos limites culturais, organizar as bases logísticas para o trânsito de pessoas e mercadorias, expor as pessoas ao estranho e socializar o sofrimento – essa homogeneização era um aspecto do próprio desenvolvimento capitalista. E aí, com seus sindicatos, partidos, palavras de ordem, a esquerda politizava esse excesso de despersonalização em nome de outra coisa. Mas e agora, que o capitalismo de crise consegue muito bem organizar os circuitos do valor sem criar um "mundo" do trabalho, consistente e minimamente homogêneo? Apesar de certa simplificação do quadro, o ponto é, de fato, elementar: pela primeira vez na história da modernidade – e de forma crescente desde os anos 1970 do século passado, com o estabelecimento de um novo modo de acumulação de capital – foi imposta à própria esquerda, de forma ampla, a tarefa de pensar e produzir as condições econômicas e subjetivas da militância política[105].

---

105 Não que essa tarefa não guarde ela mesma, em certo aspecto, uma longa história – no Brasil, ligada às aldeias, quilombos, associações comunitárias

Questões supostamente "menores" como os custos econômicos – em tempo, dinheiro, mas também em comida[106] ou angústia – envolvidos na ação de organizar politicamente não podem mais ser invisibilizadas ou tratadas como problemas acidentais, pois se transformam, neste cenário, em um sinal importante para avaliarmos se uma dada organização está à altura dos desafios políticos e sociais de nosso tempo, uma vez que tais questões logísticas e de organização são justamente aquelas que têm potencial para atravessar as divisas ideológicas das diferentes correntes e frações da esquerda. Ao mesmo tempo, nenhuma elaboração tática pode ser considerada séria se não levar em conta que um dos efeitos da nova superposição entre tempo de repouso e tempo de trabalho, tão discutida hoje, é justamente reconfigurar os constrangimentos sociais que determinam a relação entre trabalho e militância. Simplesmente faltam tempo e condições para fazermos certas coisas.

A culturalização da política

É preciso, no entanto, prestarmos atenção em um outro efeito colateral desse processo de periferização do mundo – um efeito mais sutil, pois influi, acima de tudo, na dimensão subjetiva da política. Vimos, principalmente no capítulo anterior, que a crise da democracia pode ser entendida como um efeito do excesso, e

---

e de bairros, e, nas últimas décadas, para citar um exemplo importante, o trabalho das Comunidades Eclesiásticas de Base. Mas até mesmo as CEBs, é preciso lembrar, podiam contar com algum financiamento e uma certa estrutura básica garantida pela Igreja.

106 Um dos exemplos mais notáveis de um discurso político contemporâneo que não depende da divisão entre militância e reprodução social, atrelando tática e economia da organização, é o projeto da Teia dos Povos e sua luta por soberania alimentar. Sobre isso, ver Ferreira, J. e Felicio, E. (2021) *Por Terra e Território: caminhos da revolução dos povos no Brasil* Bahia: Teia dos Povos.

não apenas da falta, de representatividade: a novidade política de nossa época, afinal, não é tanto a arbitrariedade da classe política, mas a sua composição – a emergência na cena política de atores que, em vez de se integrarem no jogo democrático tal como idealizado pelas instituições e imaginário liberal/social-democrata, sinalizam que o progresso social não promoveu a integração e homogeneização social que prometia. O escândalo da situação política – o que chamamos por vezes de falta de respeito ou de solenidade perante os emblemas institucionais – se derivaria assim, pelo menos em parte, de uma crise no próprio vetor histórico que deveria progressivamente incluir a nós todos no bojo da sociedade e de seus ritos e normas. Esse predicamento, no entanto, afeta não apenas a direita, mas também a esquerda – afinal, se há algum grupo social que se reconhece como representante do vetor histórico do progresso somos nós, os militantes.

A crise da representatividade política pode, assim, ser abordada também de um outro ponto de vista, a partir da investigação das novas funções que o engajamento político pode adquirir quando o nosso próprio senso histórico é colocado em xeque. É crucial admitirmos que não são só os nichos culturais e as bolhas de classe que oferecem estratégias para evitar que percamos nossa identidade e lugar social, tragados pela precarização generalizada: a própria política de esquerda pode funcionar como um desses mecanismos. Vemos, assim, que emerge um uso identificatório do engajamento político, que passa a servir como marcador social do militante, independentemente do efeito transformador que sua organização é capaz de produzir. Em outras palavras, na contramão da politização da cultura, é preciso reconhecer que o esfacelamento do tecido social pode levar também à "culturalização" da política, situação na qual a adesão à esquerda não significa apenas uma adesão a um projeto de transformação, mas também a busca de um meio, dentre outros, para garantir que nossas identificações culturais e sociais sejam preservadas em meio a um terreno cada vez mais erodido e disforme.

Além de nos permitir pensar sobre a "política de identidade" sem a menção depreciativa a lutas de grupos sociais específicos, essa abordagem também oferece um substrato histórico e material para essa estratégia social, esclarecendo que se trata de uma "solução" possível para um problema estrutural do nosso atual predicamento[107]. Mais que isso, é uma abordagem que nos permite reconhecer o efeito de "feedback" entre a fragmentação das lógicas sociais – que tende a isolar movimentos políticos que operam sob lógicas diferentes – e o uso identificatório dessa fragmentação[108] – que permite que os militantes não se deparem com as contradições entre frações da esquerda que poderiam sinalizar a crise do nosso sentido de progresso histórico. Em outras palavras, há uma estabilidade na própria setorialização das esquerdas que não só repete a fragmentação social como também ajuda os militantes a preservarem subjetivamente a experiência de ainda participarem da marcha histórica do progresso.

Um último mérito dessa hipótese é que ela dá conta de um fenômeno paradoxal que encontramos constantemente nos relatos de militantes das mais diversas orientações. Trata-se da constatação de que, na atual conjuntura, a construção de espaços políticos comuns – espaços que permitem um trânsito efetivo entre estilhaços sociais incomensuráveis – não produz apenas efeitos

---

[107] Dois bons estudos sobre o papel das identidades na política: McGarry, A. Jasper, J. *The Identity Dilemma: Social Movements and Collective Identity* (Temple University Press, 2015); Haider, A. *As armadilhas da Identidade* (Baderna, 2019).
[108] Hersch, E. *Politics is for Power: How to move beyond political hobbysm* (Scribner, 2020).

políticos positivos, mas pode também colocar em questão nosso senso de identidade social enquanto militantes e indivíduos. É muito comum relatos de como espaços militantes tendem a causar angústia e inflar as fantasias dos militantes na mesma proporção em que conseguem romper com as fronteiras de classe, gênero, raça e de nichos culturais: em paralelo às inegáveis possibilidades políticas que isso abre, assistimos muitas vezes a um aumento das tensões entre os participantes, um verdadeiro mal-estar que se instaura uma vez que a igualdade que visamos produzir nesses espaços não encontra suporte real nem em um emblema comum nem em uma forma de sofrimento partilhada. A demanda de que a política dê sentido para nossas vidas, quando já não podemos contar nem com o progresso social nem com as expectativas individuais para garantir isso, torna extremamente penoso encontrar, dentro da própria prática política, os momentos em que o sentido e a identidade são questionados – o que é ainda mais trágico quando consideramos que a busca pelo que é comum e pela igualdade tendem justamente a nos confrontar com paradoxos, contradições e novas decisões.

Nesse sentido, vemos que não basta inventar novos arranjos organizacionais que nos permitam romper com os limites da fragmentação da esquerda – é preciso ainda inventar novas formas de reconhecer e responder a esse mal-estar que, em tempos de fragmentação, a própria igualdade exacerba e dissemina entre a militância.

Novos caminhos, velhas cartografias

Se, por um lado, observamos que a fragmentação passa a fazer parte do modo de identificação política e social do militante – o que ajuda a entender a resistência e o mal-estar que se produz quando essas fronteiras e setores são atravessados – por outro também podemos ver como a teoria política evita se confrontar com esse novo predicamento de disformia social, preservando a crença numa sociabilidade fundamentalmente homogenizável. Dentre outras, consideremos aqui duas das mais importantes estratégias teóricas no pensamento de esquerda contemporâneo, o populismo e o autonomismo.

O "populismo de esquerda"[109] ganhou expressão significativa nos últimos anos – e por boas razões. Trata-se, afinal, de uma das poucas propostas teóricas atuais que nos permite ao mesmo tempo mapear o funcionamento da direita, teorizar sobre nossos próprios fracassos e pensar novas possíveis estratégicas políticas. Mas, além disso, no que tange à constatação da disformia social, a teoria do populismo permite também uma espécie de solução de compromisso: por um lado, reconhece a crise do trabalho como forma de síntese social, admitindo a pluralização das lutas e dos segmentos sociais, enquanto, ao mesmo tempo, permite que o militante de esquerda não tenha que mudar quase nada em sua posição e visão estratégica. Isso porque a premissa de fundo do populismo de esquerda é a de que podemos superar essa nova fragmentação social pela via da unidade hegemônica do discurso. Em outras palavras, há reconhecimento de uma multiplicidade dispersa de grupos sociais com suas próprias identidades, mas essa pluralidade amorfa permanece estruturalmente unificável – se não é homogênea ou compatível entre si, como em outros momentos, ela é pelo menos permanentemente homogenizável. E essa homogeneidade é garantida por um argumento estrutural: as demandas sociais, pelo próprio fato de serem *demandas* – isto é, por serem uma ausência, um desejo – seriam todas estruturalmente comensuráveis entre si – já que ausência de uma ou outra

---

[109] Mouffe, C. *Por um populismo de esquerda* (Autonomia Literária, 2019).

coisa permanece, ainda, uma ausência – e poderiam, portanto, serem todas amarradas por um "significante vazio" comum, uma palavra de ordem, que aglutinaria essa força social, vetorizando um novo espaço popular[110].

Usando as ferramentas do nosso modelo, podemos talvez descrever o populismo de esquerda como uma tentativa de intervir criticamente na lógica econômica do capital a partir da aposta que a lógica institucional dos pactos sociais – através da qual todos abdicamos de algo para nos tornarmos equivalentes uns aos outros – poderia substituir a ausência de uma lógica comunitária partilhada por todos. Daí também porque o problema do nacionalismo – a lógica comunitária vigente – é um grande percalço para o populismo, ao mesmo tempo em que o Estado e as eleições parecem ser seu suporte necessário e inquestionável.

Curiosamente, essa mesma estratégia teórica pode ser encontrada na vertente mais autonomista do pensamento político de esquerda, que nega explicitamente foco na hegemonia e na luta institucional para focar na construção de novos laços comunitários como forma de resistência ao capital[111]. Assim como o populismo, o autonomismo é uma resposta consistente e produtiva às transformações sociais e políticas do fim do século XX: reconhece os limites das análises do capitalismo monopolista do início do século passado, repensa o lugar do trabalho na sociedade e é capaz de mapear tanto as forças adversárias quanto as potências da esquerda dentro de um mesmo panorama. Aqui, a crise na sociedade do trabalho é lida como uma crise no paradigma institucional, na capacidade de mecanismos de representação – como sindicatos e partidos – de mediar e potencializar as movimentações populares. A crise da capacidade do

---

[110] Laclau, E. Mouffe, C. *Hegemonia e Estratégia Socialista* (Intermeios, 2015).
[111] Comitê Invisível. *Aos Nossos Amigos: Crise e Insurreição* (n-1, 2019).

Estado e das formas institucionais de conduzir e potencializar a força popular leva, assim, a uma aposta na reinvenção da vida comunitária, da cooperação social e das relações interpessoais como formas de reconstruir o tecido social. Apesar de diametralmente oposta à confiança do populismo na capacidade homogeneizante do discurso, encontramos no autonomismo uma estratégia conceitual similar. A premissa teórica aqui, explicitada por exemplo na obra de Antonio Negri e Michael Hardt[112], é de que todas as demandas sociais, por serem *sociais* – isto é, por serem produto da vida concreta das pessoas em sua resistência diária ao capitalismo –, seriam estruturalmente comensuráveis entre si – dado que essa resistência sempre se daria pela criação de laços – e que, portanto, não é preciso nenhuma mediação impessoal, artificial, para garantir que elas não venham a negar umas às outras em seus resultados. Novamente utilizando nosso modelo, podemos dizer que o autonomismo tende a associar a disformia social a um novo estágio da relação entre Estado e capital, apostando assim na capacidade da lógica comunitária de reconstruir a homogeneidade social necessária para o acúmulo de força política.

Para a posição populista, a crença na capacidade do discurso de produzir homogeneidade social é justificada por uma metafísica da linguagem – pela capacidade estrutural dos símbolos de unificar o que simbolizam – enquanto, para a posição autonomista, essa mesma homogeneidade social é garantida por uma metafísica do que seria a vida e a cooperação social da multidão. Por fim, para ambos, o problema de como ligar fragmentos sociais que não são necessariamente comensuráveis entre si permanece uma questão secundária, ou é tratado como um

---

112 Negri, A. Hardt, M. *Multidão: Guerra e democracia na era do Império* (Record, 2005).

efeito da intervenção de forças conservadoras. Nos termos do nosso modelo, isso significa que por mais que ambas as posições atuem sobre as três lógicas das esquerdas ao mesmo tempo – econômica, comunitária e institucional – ambas conceituam a crise atual como efeito da desarticulação entre apenas duas delas, mantendo a suposição de que a lógica sobressalente – ou do Estado ou da comunidade – serviria de suporte para a reconstrução de uma estratégia radical e comum. Permanece em aberto, assim, o desafio de conceber, ao mesmo tempo, a geografia do novo espaço social e a organização das próprias esquerdas sem a suposição de que haveria um fundamento comum, unificante, da vida social – uma verdadeira arquitetura de arestas.

Box 6 – Composição social e a política de esquerda

Em Marx, a grande indústria possibilita a reunião ou construção de coletivos de assalariados pelo próprio processo de produção, ou seja, a construção, sem paralelo na história, de grandes contingentes humanos, cuja fábricas e suas enormes plantas produtivas, em contraposição às pequenas unidades laborais camponesas e artesãs, são o grande exemplo. A imagem é a de um "exército" disciplinado de trabalhadores, de proletários a serviço de um monumental complexo maquínico que absorve objetiva e subjetivamente sua força trabalho. Esse processo, que dá a tônica do que se conhece por industrialização pelo menos até a primeira metade do século XX, possibilita, via expansão ciclópica da acumulação de capital, uma "socialização" sem precedentes do trabalho, da produção, da circulação e do consumo, em suma, da atividade econômica como um todo, com seus consequentes, e já amplamente problematizados, efeitos sociais, subjetivos, ideológico-ideacionais. Correlato aos grandes conglomerados financeiros e industriais emergem grandes organizações de trabalhadores, robustos sindicatos, que, baseados em seu local de trabalho e ramo de atividade, e apoiado pelas comunidades que os circundam, disputam, a depender de cada situação e composição concreta de forças, com, contra e/ou por meio do Estado formas de composição e gestão deste conflito, aqui facilmente visualizado como uma "luta de classes".

Em certo aspecto, é possível dizer, como dissera Lenin há um século e, antes dele, Marx, que a socialização ("técnica") real da produção nunca foi tão alta – o que, evidentemente, não significa uma socialização ("política") das relações de propriedade, algo que estaria por se completar. Essa interdependência, interconexão e interrelação generalizada da atividade econômica, sem precedentes, atinge não apenas a atividade produtiva, mas também, por óbvio, a esfera financeira. Pensemos na dimensão e no papel dos grandes bancos e instituições financeiras que, quase como "planejadores centrais", governam (patrocinados e protegidos por Estados) uma imensa massa de capital socialmente necessário a qualquer atividade econômica significativa.

Ocorre que, ainda que mais "socializada" no sentido acima apresentado, a produção passa a operar, contemporaneamente, dadas as transformações por nós anteriormente apontadas, também por meio da desarticulação desses grandes "coletivos", ou seja, por meio da "individualização" prática da atividade produtiva. Ao ativar, nas últimas décadas, a desagregação dos trabalhadores e a pulverização dos processos de trabalho pelo espaço urbano e domiciliar, confundindo as fronteiras entre tempo de trabalho e tempo livre, espaço de trabalho e espaço domiciliar, esfera privada e esfera pública[113], o processo de traba-

---

113 É justamente nesse contexto que se dá, compreensivelmente, a retomada e desenvolvimento, em patamar renovado, das discussões sobre o trabalho

lho, em grande medida, torna-se ubíquo, inespecífico no espaço e no tempo, requerendo, em consequência, uma certa tendência à universalização do despotismo fabril e, assim, a constituição de estruturas de controle social ubíquo (pensemos no processo de "datificação" generalizada das formas de sociabilidade). A recente situação pandêmica, ao que tudo indica, faz acelerar essa tendência com a imensa expansão do trabalho remoto, o que, nestes termos, significa justamente o confinamento do trabalho no espaço privado, algo profundamente significativo em termos de (uma nova?) administração da vida social. Junto disso, novas e velhas formas de composição da remuneração da força de trabalho emergem ou reconstituem-se em paralelo à relação tipicamente capitalista do assalariamento[114].

Essa relação, digamos, mais "direta" do indivíduo com o capital, sem passar imediatamente por uma coletividade (no interior do qual ele se "fazia" classe), pode ser vista de outro modo por meio da crescente "financeirização" de setores médios e trabalhadores mais bem remunerados, que compram ativos financeiros, investem em bolsa, compõem fundos de pensão, assumindo como seus os "humores do mercado", face complementar, em termos ideológicos e políticos, da disseminação generalizada da subjetivação concorrencial-empreendedora. É precisamente

---

reprodutivo no movimento feminista e para além.
114 Cabe recordar que o capitalismo não apenas convive contemporaneamente e pode vir a conviver ainda mais no futuro como, em verdade, sempre conviveu com vários tipos de relação de trabalho – em distintos locais do planeta ainda se verifica, como é de amplo conhecimento, a vigência de relações de trabalho as mais diversas (servis, escravistas, etc.), entrecruzando estruturas de modos de produção distintos e suas temporalidades plurais e complexas. A questão fundamental passa a ser em que medida a relação de assalariamento, considerada o pilar da dinâmica capitalista de acumulação, mesmo minoritária (caso assumamos que esse seja ou venha a ser o caso) pode ou não continuar a ser dominante em relação às demais e, em qualquer caso, quais seriam as condições e consequências desses distintos cenários.

neste ponto que podemos encontrar a "base material" de toda a fortuna crítica foucaultiana[115] de análise da governamentalidade neoliberal, da conformação prática do indivíduo como capital humano que deve buscar, a todo custo, sua autovalorização. É apenas em um quadro material em que se confundem as fronteiras entre capital constante e capital variável que é possível conformar a realidade social de um tal modo em que o trabalhador veja e produza a si mesmo sob a lente do próprio capital; ou seja, que este se comporte efetivamente, no interior do processo de exploração e para além dele (com toda a patologização e adoecimento psíquico que isso produz), em conformidade com aquilo que o é e representa *de facto* para o capitalista: capital variável[116]. O que pode, então, frente a esse contexto, marcado por individualização e desfiliação, uma esquerda que, para fazer sua política, aposta na crescente "socialização" do trabalhador no interior do processo produtivo?

Isso tudo parece nos forçar à elaboração não apenas de uma teoria de classes mais complexa, que leve em conta diferentes níveis e processos de proletarização, como também de novas propostas políticas que considerem a sério essa nova composição social. E aqui, a fixação saudosista com os tempos "áureos"

---

[115] Foucault, Michel. *Nascimento da biopolítica*. São Paulo: Martins Fontes, 2008. Dardot, Pierre; Laval, Christian. *A Nova Razão do Mundo*. São Paulo: Boitempo, 2016. Brown, Wendy. *Undoing the Demos*: Neoliberalism's Stealth Revolution. New York: Zone Books, 2015.

[116] A esse respeito, emerge uma contradição um tanto perturbadora. O capital, como se sabe, funda-se sobre a emergência histórica do indivíduo (tornado figura jurídica, sujeito de direito) e precisa deste para existir com tal, mas é o próprio avançar do capital que produz (particularmente nessa conjuntura) um empuxo para o fim ou "superação" do indivíduo, que avança e acelera o mundo numa direção contrária a ele, em dimensões objetivas e subjetivas as mais diversas. Também por isso a sensação angustiante de desorientação é tão profunda. O sujeito-indivíduo, preso no beco de si mesmo, como contradição do capital, é levado a refazer-se e destruir-se a todo momento.

do keynesiano-fordismo (hoje apresentado, em muitos círculos, quase como uma espécie de "capitalismo utópico") é, por óbvio, contraproducente, já que, como está bastante claro a esta altura, se trata de uma nostalgia paralisante. A despeito disso, é justamente a essa "nostalgia welfarista" que setores importantes da esquerda no centro e – o que é mais surpreendente! – nas periferias do sistema seguem apegados, movendo-se, de modo um tanto atabalhoado, no espaço político basicamente a partir deste horizonte normativo[117].

Mencionamos repetidas vezes que as transformações socioeconômicas do capitalismo contemporâneo produziram uma reconfiguração até então inédita no tipo de esforço necessário para a construção de um espaço político comum. Tanto no campo objetivo, da expansão da infraestrutura, da logística, do direito, e da construção do espaço público, quanto no campo subjetivo, da garantia de um certo horizonte de conciliação por meio do emprego e da partilha da riqueza produzida, a criação de uma rede ou espaço comum era tanto uma das condições necessárias para a espoliação e despossessão capitalistas quanto para os contra-movimentos da esquerda. Hoje, no entanto, tanto as transformações no mundo do trabalho – o aumento da informalidade, as novas formas de automação e a informatização das redes de trabalho – quanto as novas formas de acumulação de capital – os processos de financerização e especulação, bem como os novos modos de extração, cercamento e exploração

---

[117] Conforme bem apontou Felipe Catalani, no contexto da discussão sobre a mobilização dos entregadores e motoristas de aplicativo: "Entre a 'utopia' e a 'realpolitik', a esquerda ficou com o lado ruim dos dois. Ela não defende nem algo utópico, pois é a manutenção do mesmo e um sistema de contenção, nem algo realista, pois não há lastro material para seus projetos". Ver O "Enigma" dos motoboys em greve contra a CLT. Disponível em: https://passapalavra.info/2020/07/132818/ . Acesso em: 23 set. 2020.

dos recursos naturais – demonstram que a extração de mais-valia e a reprodução das relações de poder se autonomizaram parcialmente dessa condição social subjacente, que no entanto permanece um alicerce e pressuposto das estratégias de diferentes vertentes da esquerda.

A hipótese de que, além de politizar um certo sofrimento, indignação ou demanda social, hoje é preciso ainda se ocupar das condições materiais para que esse processo político possa efetivamente se conectar com outros movimentos e organizações é uma possibilidade que nos obrigaria a repensar profundamente o que significa se organizar politicamente e como podemos avaliar o sucesso ou fracasso de nossas ações. Isso significa que está na pauta do dia das esquerdas a tarefa de pensar aspectos objetivos da vida social que até então identificávamos ou como dimensões constitutivas do próprio modo de sociabilidade capitalista ou como problemas que só se tornariam centrais em uma sociedade pós-capitalista futura ou em transição – isto é, questões de administração, gerência, logística, etc. É claro, vale notar, que as questões administrativas e logísticas são parte constitutiva de qualquer processo político e organizacional – afinal, até discussões políticas na internet dependem da manutenção de meios materiais, como a conta de luz. O que está em jogo aqui é antes o valor e a função dessas questões em um contexto de desestruturação da vida social comum. Ao mesmo tempo, a crise do horizonte de expectativas que acompanhava a sociedade do trabalho no século XX também joga no colo dos próprios processos de politização a responsabilidade de reconhecer e responder ao mal-estar que a produção de comunalidade e igualdade – antitética aos mecanismos de identificação social possíveis numa sociedade disfórmica – pode acarretar.

Uma maneira de abordar esse desafio que se apresenta hoje é tentarmos traçar uma diagonal entre diferentes tradições de luta e pensamento nas esquerdas, tentando ligar as diferentes lógicas em jogo em cada tradição sem pressupor que elas seriam naturalmente compatíveis ou harmônicas. Por exemplo, podemos imaginar uma diagonal ligando o pensamento marxista – com sua preocupação com as grandes escalas de transformação social e econômica – com o feminismo autonomista – que se constituiu como o mais sofisticado pensamento das querelas da reprodução social no século XXI – e o movimento negro – que, pelo menos desde os Panteras Negras e as lutas de libertação nacional, para não falar da Revolução do Haiti, guarda inúmeras lições sobre o que significa fazer política sob condições periféricas.

Nesse sentido, uma importante inovação conceitual do pensamento de esquerda é o operador transversal da interseccionalidade, que nos permite transitar entre as lógicas de classe, gênero e raça não apenas para relacioná-las e reforçar positivamente diferentes frentes de luta, mas também para revelar contradições concretas entre diferentes espaços políticos e movimentos sociais[118]. No entanto, esse operador permanece, por enquanto, essencialmente uma ferramenta descritiva, que nos permite tornar visível algo da complexidade da experiência periférica localizada

---

118 Em *Intersectionality as Critical Theory* (Duke University Press, 2019), Patricia Hill Collins diferencia o uso corriqueiro do termo – como demanda de que consideremos todas as formas de opressão e experiência social simultaneamente – do uso crítico do conceito, voltado ao reconhecimento de maneiras práticas de transformar o mundo social e ao desafio de navegar regimes normativos e teorias sociais usualmente incompatíveis entre si. Seu livro com Sirma Blidge *Intersectionality* (Polity, 2016) é referência essencial aqui, bem como o livro paradigmático de Angela Davis *Mulheres, raça, classe* (Boitempo, 2016). Para uma perspectiva alternativa, focada nos esquemas causais que podem ser construídos dentro dessa perspectiva, sugerimos o excelente artigo Bright, Liam Kofi et al. "Causally Interpreting Intersectionality Theory." Philosophy of Science 83 (2016): 60-81.

e das condições da luta política em sociedades disfórmicas – permanecendo em aberto a tarefa de transformar esse operador na base de um dispositivo agenciável, que nos permita imaginar e colocar a *experiência* periférica à prova de *experimentos* políticos capazes de transitar pelas arestas dos fragmentos incomensuráveis da nossa geografia social.

O canteiro e o desenho

No capítulo anterior, discutimos os efeitos da crise da democracia para o espaço da representação política. Em especial, tentamos propor uma nova forma de abordar o campo da direita, de maneira a distinguir transformações sociais mais profundas, que afetam todos nós, do modo como movimentos reacionários podem fazer uso desses processos subterrâneos e incontroláveis. Neste capítulo, nosso último, nos voltamos para a correlação entre as transformações socioeconômicas que definem nosso predicamento atual – o que chamamos de "condição periférica" ou "periferização do mundo" – e as tarefas e desafios das esquerdas contemporâneas. Falamos sobre a necessidade de situar a esquerda nesse novo contexto, reconhecendo que a militância está tão sujeita aos novos constrangimentos sociais quanto qualquer outro setor, e sobre a dificuldade de reconstruir um modelo para a política de esquerda que não carregue silenciosamente o pressuposto de que podemos contar com alguma tendência espontânea para que diferentes movimentos políticos ganhem sinergia e componham um espaço comum efetivo.

A essa altura, deve estar claro que nosso modelo de análise das esquerdas – construído ao longo da primeira seção e consolidado na segunda parte deste livro – foi pensado à luz desses impasses. Trata-se de um modelo que mobiliza, para pensar a transformação, as mesmas ferramentas que nos permitem descrever a crise em que estamos: as lógicas que diferenciam espaços sociais são as mesmas que diferenciam as organizações, as formas de descrever as dinâmicas das esquerdas e suas tensões também servem para falar da vida social em geral, e mesmo a crítica de que as esquerdas podem operar como mecanismos de identificação e de sentido, à revelia de seus efeitos políticos reais, está incluída como parte dessa caixa de ferramentas com a qual ainda é possível analisar e navegar a ecologia das organizações militantes e seus desafios. Isso tudo nos traz, finalmente, à questão: mas o que podemos fazer com essas ferramentas? Elas realmente podem nos ajudar a construir alguma coisa nesse terreno acidentado?

Na introdução deste livro, diferenciamos duas formas de pensar a arquitetura, partindo da obra de *O canteiro e o desenho*, de Sérgio Ferro[119]. Na primeira, que é próxima do senso comum, começamos pelo desenho, que sintetiza diferentes demandas – econômicas, contratuais, artísticas e pessoais – em um plano ideal e, em seguida, usamos esse plano para orientar a execução efetiva do projeto. A segunda maneira de pensar a arquitetura, no entanto, é bem diferente: ela começa pelo canteiro de obras. Afinal, não adianta nada você planejar fazer isso ou aquilo se não sabe onde vai construir, com quem vai construir, com quais ferramentas e sob quais condições. Mas começar pelo canteiro não significa simplesmente inverter a ordem dos fatores – jogar fora os planos e dizer que "primeiro vem a prática depois a teoria" ou "a gente vai entendendo à medida que fazemos". Significa, acima de tudo, *expandir* o campo da arquitetura – e, por conseguinte, dos modelos teóricos – para incluir aí também as condições reais da construção, cientes de que todo edifício é

---

[119] Ferro, S. *O canteiro e o desenho* (Projeto IAB/SP, 1979).

uma oportunidade tanto de celebrar o engenho de sua produção real quanto de soterrar e acobertar esse esforço por baixo da edificação. Dessa perspectiva, dois prédios iguais, mas construídos de diferentes formas, são dois prédios diferentes. A título de exemplo, é só pensar em Brasília: quem consegue aproveitar sem reservas a beleza de suas formas sabendo em qual terreno, e sob quais condições, essas formas foram erguidas?

Começar pelo canteiro de obras, portanto, não é abdicar do desenho, mas situá-lo, pensá-lo de forma a incluir aí também as condições da construção como parte integral do processo produtivo – com a diferença de que a forma do canteiro não nasce exclusivamente da cabeça de ninguém: um canteiro de obras é o produto do terreno, das ferramentas disponíveis, dos recursos financeiros, das pessoas que ali trabalham e da cidade à sua volta. Admiramos a arquitetura de um edifício pelo modo como suas formas conseguem organizar a matéria de maneiras que parecem desafiar as leis naturais a que os próprios prédios estão submetidos – e há algo similar no tipo de engenho arquitetônico que precisamos aplicar ao canteiro de obras: como abordar os limites do território, das pessoas e das ferramentas de modo que as formas de criação e cooperação que emergem na construção possam também desafiar as leis sociais? Duas casas humildes, feitas com muito pouco, podem ser espaços totalmente diferentes, dependendo de como são construídas.

Mais do que um novo plano de ação, o que estamos propondo aqui é uma virada similar no campo da organização política. Acreditamos que o processo de periferização do mundo transforma não apenas o jogo político, mas o terreno em que esse se joga – e as caracterizações desse espaço social como "disforme" ou "fraturado" são imagens que nos ajudam olhar para a erosão social como uma espécie de quebra-cabeças em que não podemos nos guiar nem pela antecipação da imagem total que deveria se formar e nem pela certeza de que todas as peças de fato se encaixam umas nas outras. É nesse terreno marcado por placas tectônicas em fricção que está o nosso canteiro de obras hoje – e se não desenvolvermos um modelo ampliado de análise, que nos permita conhecer onde estamos pisando e como isso nos afeta, corremos o risco não só de que nossas construções não fiquem de pé mas também, o que é pior, que elas sirvam para ocultar o sacrifício real que demandaram das pessoas, e dos militantes em particular.

É por isso que nosso modelo não se preocupa, aqui, tanto com "o que fazer" – qual o plano? – quanto com "como fazer" – isto é, como elaborarmos os meios adequados para pensar o que qualquer desenho que surgir precisará levar em conta. E, na prática política, expandir o conceito de arquitetura significa, antes de mais nada, expandir o que entendemos por organização coletiva: não para situá-la contra um pano de fundo desorganizado e amorfo, mas para que possamos inventar novas ideias que levem em conta que a organização política é a resultante de uma mistura complexa de espaços e escalas sociais que submetem nossas bandeiras e discursos a fins que podem se descolar completamente de nossos planos iniciais, caso não saibamos negociar com essas condições subjacentes. É um pouco a imagem, explorada por Maikel Silveira[120], do futebol de várzea: no campinho, não se joga só de acordo com as regras do futebol, mas também de acordo com a geografia do terreno, sua inclinação, etc.

---

120 Silveira, M. *O populismo, a várzea e o bicho: notas sobre o populismo e a crise da esquerda*. Disponível em: http://revistaportoalegre.com/o-populismo-a-varzea-e-o-bicho-notas-sobre-a-teoria-do-populismo-e-a-crise-da-esquerda/ . Acesso em: 24 set. 2020.

Além disso, repensar a relação entre o desenho e o canteiro significa também rever como entendemos a passagem de um para o outro. Um desenho pronto chega no canteiro para ser executado, realizado – mas e quanto a um desenho nesse sentido ampliado, que contém não só informações sobre como construir, mas também perguntas que só o terreno efetivo, o contato com as pessoas e os efeitos emergentes de sua interação podem responder? Não faz sentido dizer que vamos "aplicar" esse desenho, pois ele mesmo está cheio de variáveis que não estão determinadas de antemão – variáveis sobre a estrutura a ser construída, sobre como cada parte desse arranjo social irá se comportar, etc. Longe de depreciar o papel da teoria ou das estratégias gerais, essa concepção expandida do desenho – que inclui nele variáveis antes escondidas ou desconhecidas – implica em uma ampliação concomitante do espaço teórico e programático: por exemplo, se não antecipar algum percalço é, normalmente, o sinal de um mal planejamento, aqui torna-se possível valorizar uma estratégia ou uma abordagem teórica justamente por nos ter ajudado a esbarrar em um novo problema.

Um canteiro da organização é portanto um espaço experimental onde podemos tanto "testar o terreno" quanto descobrir o que mais é possível fazer sob aquelas condições – e a transformação do trabalhador civil em um novo tipo de arquiteto, como queria Sérgio Ferro, não se consuma apenas quando participamos das decisões que vão na construção de uma edificação em particular, mas quando nossos acertos e erros passam a integrar o arsenal de ferramentas técnicas e organizacionais de outras construções. Quando a construção não é apenas uma experiência política, mas um verdadeiro experimento, o nosso engajamento com a heterogeneidade do canteiro de obras – esse lugar paradigmático onde o capitalismo mais avançado encontra as formas mais primitivas de opressão e exploração – *se torna condição para a construção de um espaço social comum*, isto é, informa a organização daquele espaço de tal maneira que sua forma seja compartilhável com outros, seja como conhecimento adquirido da realidade, seja como edificação na qual os outros podem se apoiar.

Uma vantagem dessa nova abordagem é que nos permite transformar nossa desorientação em uma *motivação* para novas formas de atividade política. Isto é, não precisamos fingir que estamos todos em condição de descrever de modo pleno e definitivo a realidade brasileira para ter motivos para nos organizar – ao invés, a organização passa a ser também, ela mesma, um meio privilegiado de conhecimento da realidade, capaz tanto de colocar à prova algumas ideias já estabelecidas quanto levantar novas questões e perspectivas. Se as organizações podem ser pensadas como miniaturas dos processos sociais mais gerais – e nosso modelo tenta justamente aplicar à esquerda as ferramentas de análise que ela mesma elaborou para entender a realidade – então o que acontece dentro dos espaços "artificiais" das diferentes organizações militantes pode nos ensinar muito sobre o mundo em que estamos inseridos, seja quando uma ação política tem sucesso, seja quando fracassa.

Mas um segundo mérito importante da metáfora do canteiro organizacional é que ela *não tem compromisso com um fundamento social homogêneo* – o que é particularmente importante quando, como sustentamos aqui, pisamos cada vez mais em um terreno fissurado onde múltiplas lógicas e fragmentos sociais estão em constante fricção. Vimos em nossa comparação entre populismo e autonomismo que, por mais distintos que sejam, ambos escamoteiam o problema da periferização e da fratura social postulando filosoficamente um substrato homogêneo por trás da fragmentação, com o qual poderíamos contar estrategicamente. Pensada em termos do discurso e da hegemonia, no primeiro caso, e em termos de cooperação social e resistência, no segundo, essa suposição nos permite contornar o problema de como compatibilizar organizações, programas, escalas de intervenção e visões de mundo diferentes que, apesar de efetivamente situadas no espaço social, nem por isso são comensuráveis ou harmonizáveis entre si. Não se trata, no entanto, de propor uma unidade programática das esquerdas – esse tema infindável – mas de apontar o papel das esquerdas na construção da coesão do próprio tecido social do qual fazemos parte.

Conclusão

Os primeiros encontros que vieram, de modo um tanto imprevisível e despretensioso, a resultar neste livro ocorreram entre os anos de 2016 e 2018. Para além de três debates presenciais, um em Brasília e outros dois na cidade do Rio de Janeiro, o impulso para sua produção se dá, sobretudo, em decorrência de um debate virtual materializado num conjunto de intervenções, réplicas e tréplicas publicadas todas no segundo semestre de 2017. Com algumas alterações, esses textos estão reunidos na primeira parte do livro, em nosso "Canteiro de obras".

É certo que a situação geral e, com ela, algumas de nossas posições se transformaram desde então. Naquele momento, não tínhamos como antecipar bem ao certo onde esse diálogo nos levaria. O resultado se mostrou, como se disse, irredutível à soma de nossas posições individuais. Vale para as sínteses iniciais e precárias daquela discussão ("Canteiro de obras"), mas também, sobretudo, para as tentativas de desdobrá-la, na parte 2 ("Caixa de Ferramentas"), em um modelo analítico útil ao mapeamento das esquerdas e, posteriormente, na terceira parte ("Análise do terreno"), na especulação em torno de alguns diagnósticos, prognósticos e propostas gerais. O estilo e abordagem conceitual, as metáforas utilizadas, bem como o conteúdo substantivo apresentado em cada uma dessas seções foram, esperamos, devidamente contextualizados na *Introdução* e, ademais, provavelmente submetidos, a esta altura, à apreciação crítica do leitor, não cabendo, por isso, outro resgate do caminho percorrido.

Melhor será, então, destacarmos, aqui, algumas conclusões fundamentais, pontos para posterior desenvolvimento e, particularmente, refletirmos sobre as condições conjunturais, político-ideológicas, que possibilitaram esse encontro e o seu – ao menos para nós – imprevisível e inusitado resultado.

Ambos realizamos, é preciso que se diga, a parte mais significativa de nossa formação política e intelectual recente nos anos que, no Brasil, corresponderam aos mandatos do Partido dos Trabalhadores à frente da Presidência da República. Era, em alguns aspectos, sabemos, um país diferente. A partir de dois eventos marcantes dessa época – a crise financeira mundial de 2008 e a irrupção de junho de 2013 – pudemos vivenciar, cada um ao seu modo, o esgotamento desse ciclo da história recente do país e, junto dele, a crise das alternativas políticas que, naquele momento, se mobilizaram pela sua superação. As reflexões aqui apresentadas não deixam de ser, então, em alguma medida, uma espécie de primeiro acerto de contas com nossas apostas políticas recentes, com o que vivenciamos e experienciamos, em ato, como ativistas e militantes sociais ao longo desses últimos anos.

Nossa proposta de abordar o ecossistema das esquerdas a partir de três polos distintos, por exemplo, é ela mesma, como se disse, fruto de uma pesquisa informada pelos impasses e desenvolvimentos pós-2013, que atravessam, como está claro a essa altura, todo o espectro político brasileiro, guardadas as diferenças marcantes em termos de suas expressões, ponto refletido ao longo deste livro. Em resumo, parte do "trauma" de Junho, argumentamos, está relacionado ao desencaixe entre uma revolta já codificada pela fragmentação social característica daquilo que apontamos como um "novo terreno social" contra uma forma de mapear esse espaço que remete a outras condições históricas. Refletir as causas, condições e consequências desse desencaixe esteve dentre os principais objetivos deste livro. Outro exemplo eloquente desse condicionamento é a análise que oferecemos dos méritos e limites apresentados pelas correntes do autonomismo e do populismo como formas organizativas fundamentais de nossa geração militante.

Combinar a análise da realidade social com a busca por novas formas de organização política é um empreendimento a um só tempo teórico e prático. Empreendê-lo, no entanto, não é um exercício nada simples, como se vê. Agregando debates provenientes dos campos da filosofia, psicanálise, sociologia e economia política a uma tentativa de codificação dos impasses da prática política de esquerda em nosso tempo, terminamos, ao que tudo indica, por produzir um livro ele mesmo, à imagem de nosso objeto de análise, um tanto estranho, disforme. Não é propriamente um livro sobre a conjuntura, mas não poderia ter sido produzido, está claro, senão elaborando sobre a conjuntura; não é um manifesto ou intervenção militante, no sentido clássico do termo, mas não poderia ter sido escrito senão no bojo de uma experiência militante concreta; e, por fim, tampouco é um trabalho teórico ou uma pesquisa empírica tecnicamente irretocável, mas não poderia chegar às análises e conclusões que mobiliza sem recorrer a uma investigação direta e expressamente inspirada por essas ferramentas. Sendo tudo isso, não é nada disso.

Daí o caráter talvez especulativo e, por vezes, um tanto provisório de algumas proposições, bem como a exposição de algumas desavenças e diferenças entre nós. Ao invés de ocultar esses desencaixes e "arestas", procuramos evidenciar, desde o início, que não há, entre nós, concordância absoluta a respeito do que foi exposto. O livro apresenta, então, não uma "síntese", teses finais e acabadas, mas, sobretudo, uma fotografia do estágio em que se encontra nosso debate neste momento[121]; propondo, talvez, mais a reformulação de algumas perguntas que circulam entre nós do que ofertando as respostas que todos ansiosamente buscamos nestes tempos febris.

Nossa aposta sincera é que esse formato contribua para ampliar as possibilidades diversas de engajamento teórico e prático com essas ideias, ou seja, que mais intelectuais, militantes, partidos, organizações e movimentos aceitem nosso convite franco à socialização, à democratização das lições não apenas de suas vitórias, mas também de seus fracassos políticos – já que, conforme apontamos, não podemos mais nos preocupar apenas em "vencer" no jogo democrático, é preciso também aprendermos a fracassar melhor.

Para uma esquerda que se encontra, atualmente, reduzida, como notou Paulo Arantes, à "política do pânico"[122], olhar, como dizia Nietzsche, para o abismo, e aceitar, sem ceder à melancolia, que as coisas não vão bem é algo que pede de nós uma boa dose de esforço.

Um bom começo, acreditamos, é nos voltarmos, conforme discutimos neste livro, para a correlação entre as transformações socioeconômicas que definem nossa situação – aquilo que

---

[121] Diz-se que um livro não se conclui, se abandona. Talvez esse seja especialmente o caso aqui, ainda mais considerando a natureza e o formato dessa discussão. Para nós, no entanto, e na esperança de que outros se juntem ao projeto, isso serve antes de estímulo para uma nova rodada de debates e, quiçá, a produção de outro volume, abordando aspectos que ficaram por ser melhor desenvolvidos ou aprofundados.

[122] Arantes, P. Prefácio. In: *O pânico como política*: o Brasil no imaginário do lulismo em crise. Fábio Luís Barbosa dos Santos et al. (Orgs). (Mauad X, 2020).

chamamos de "condição periférica" ou "periferização do mundo" – e as tarefas e desafios das esquerdas contemporâneas. Isso porque a atual profusão de esquerdas diferentes – observadas e avaliadas criticamente nas duas primeiras partes do livro – reproduz, ao nosso ver, dinâmicas e tendências características do terreno social periférico no qual estamos inseridos hoje. Daí a aposta por um modelo analítico que mobiliza, para pensar o dilema das esquerdas, as mesmas ferramentas gerais que emprega na leitura mais ampla da sociedade, e para pensar a transformação, as mesmas ferramentas que nos permitem descrever a crise em que nos encontramos. Um modelo ampliado de análise, em suma, que nos permita conhecer onde estamos pisando e como isso nos afeta. Ficou claro, esperamos, que essa maneira de reconstruir ferramentas conceituais para pensar o que é a esquerda já é ela mesma uma tentativa de responder ao que chamamos de "condição periférica", que trinca a homogeneidade social do nosso predicamento atual.

Sobre isso, apontamos – certamente de maneira não exaustiva – que as transformações socioeconômicas do capitalismo contemporâneo produziram uma reconfiguração até então inédita no tipo de esforço necessário para a construção de um espaço político comum. Esse capitalismo de crise[123], de retração do centro e avanço da fratura periférica, não oferece mais condições para uma modelagem unificada do espaço social. Isso porque um dos efeitos dessa disformia é o esvaziamento de um substrato comum que garantiria um tecido social mais ou menos ho-

---

[123] Essa inversão no vetor histórico, do desenvolvimento à periferização, não pode ser interpretado, lembremos, como se o "progresso" cedesse lugar ao "retrocesso". Reverberando o melhor de nossa fortuna crítica, destacamos que essa catástrofe social é um processo que depende precisamente daquilo que há de mais moderno, tecnológico e avançado no capitalismo.

mogêneo, costurado pela promessa de que o progresso técnico e o trabalho nos levariam à superação dos conflitos sociais.

A avanço da forma social periférica, no Brasil e no mundo, transforma, portanto, as condições materiais da organização coletiva, impondo novos desafios e trazendo abaixo algumas a ilusões de outrora. Falamos sobre a necessidade de situar a esquerda nesse novo contexto, reconhecendo que a militância está tão sujeita aos novos constrangimentos sociais quanto qualquer outro setor, e sobre a dificuldade de reconstruir um modelo para a política de esquerda que não carregue silenciosamente o pressuposto de que podemos contar com alguma tendência espontânea para que diferentes movimentos políticos ganhem sinergia e componham um espaço comum efetivo.

O processo de periferização do mundo transforma, então, não apenas o jogo político, mas o terreno em que esse se joga; um desenvolvimento, diga-se, que não desnorteia apenas a esquerda progressista, mas também o liberalismo e as forças reacionárias.

Eis uma pista, quiçá, para começarmos a desvendar este momento tão paradoxal – em que se verifica intensa resistência, com uma multiplicação das frentes de luta por toda a parte, sem que isso acarrete em um efetivo acúmulo de força social.

Na medida em que carecemos, ainda, de plataformas de trânsito entre os resultados desses diferentes experimentos políticos, torna-se necessário investirmos, argumentamos, na construção de ferramentas que nos permitam avaliar o terreno acidentado das fraturas do capitalismo periférico e descobrir, em ato, o que significa construir algo sob essas novas condições. Ou seja, buscar submeter a tática da resistência – através de redes de apoio, protestos e ações específicas – a uma plataforma menos reativa, que não apenas amplifique a eficácia dessas ações, como também permita um acúmulo de forças mais estratégico. Dificilmente seremos capazes de produzir algo de consistente ou sustentável enquanto nos mobilizamos apenas em torno de barrar uma ameaça[124].

Permanece em aberto, diante disso, o desafio de conceber, ao mesmo tempo, a geografia do novo espaço social e a organização das próprias esquerdas sem a suposição de que haveria um fundamento comum, unificante, da vida social – uma verdadeira "arquitetura de arestas". Isso porque, se a hipótese desta "condição periférica" está correta, é evidente que poderemos contar cada vez menos com esse pano de fundo comum, com essa homogeneidade que poderia garantir de alguma forma certo encadeamento ou coimplicação entre os diferentes fragmentos sociais.

É por isso, vale reforçar, que nosso trabalho aqui não se preocupa – o que, reconhecemos, talvez seja um pouco decepcionante para o leitor –, tanto com "o que fazer" – qual o plano? – quanto com "como fazer" – isto é, como elaborarmos os meios adequados para pensar o que qualquer desenho organizativo que surgir precisará levar em conta de agora em diante.

Isso nos leva a apostar, em suma, na intuição de que o que acontece dentro dos espaços das diferentes organizações militantes pode nos ensinar muito sobre o mundo em que estamos inseridos, seja quando uma ação política tem sucesso, seja quando fracassa. De modo complementar, uma investigação cuidadosa do terreno social e suas transformações nos diz, ela mesma,

---

[124] Sobre a recente ascensão da extrema-direita, apontamos, ao longo deste livro, a necessidade de uma avaliação dedicada a pensar com franqueza, entre outros aspectos, a medida de nossa responsabilidade nesse processo. Isto é, caso o rumo de tais acontecimentos seja explicado apenas pela força maquiavélica dos nossos adversários, não seremos capazes de muito mais do que reforçar a presente sensação de desamparo perante um outro "enigmático e sem limites".

sobre a natureza de tais organizações bem como sobre algumas das razões fundamentais por trás de suas derrotas e vitórias.

Para atendermos à necessidade candente de inventar novas ideias e práticas neste campo, será preciso levar em conta que uma organização política é, na verdade, tão mais em tempos de periferização do mundo, o resultado de uma mistura complexa de espaços e escalas sociais que submetem nossas bandeiras e discursos a fins que podem se descolar completamente de nossos planos iniciais – sobretudo quando não sabemos negociar devidamente com as condições subjacentes sobre as quais buscamos refletir aqui.

Posfácio
Por onde começar?
Rodrigo Nunes[125]

Que há muito por fazer é um dos poucos pontos em que todos podemos concordar. Num intervalo de tempo espantosamente curto, a esquerda brasileira passou de uma década de hegemonia eleitoral do maior partido operário criado no mundo nos últimos 40 anos a uma contrarreforma liberal de velocidade e escopo como há muito não se via em lugar nenhum – tudo isso em meio à desmobilização de movimentos sociais e sindicatos, e uma profunda crise de identidade do chamado "campo progressista". Passamos, ainda, da maior onda de protestos desde a redemocratização, distintamente surgida (ainda que confusa) de pautas democratizantes como o direito à cidade e a desmilitarização da polícia, a um quadro em que a extrema direita goza de uma base sólida de cerca de 15% da população e da enorme boa vontade do capital, da mídia e dos guardiões de nossas instituições. Para alguns, a mudança brusca de tempo se explica com uma palavra tanto simples quanto capaz de múltiplas sig-

---

[125] Rodrigo Guimarães Nunes é professor de filosofia moderna e contemporânea do Departamento de Filosofia da Pontifícia Universidade Católica do Rio de Janeiro (PUC-Rio). É autor de diversos artigos em publicações nacionais e internacionais, bem como dos livros *Organisation of the Organisationless. Collective Action After Networks* (Londres: Mute/PML Books, 2014) e *Neither Vertical Nor Horizontal. A Theory of Political Organisation* (Londres: Verso, 2021).

nificações, que abrevia o pensamento ao mesmo tempo em que se desdobra em hermenêuticas conspiratórias potencialmente infinitas: "foi o golpe". Para outros, o que falta explicar é a facilidade com que os golpeados se deixaram golpear – que torna o episódio mais parecido com o relato de Edgar Allan Poe sobre o homem hipnotizado na hora de sua morte que mantem-se intacto e capaz de se comunicar por vários meses até que o hipnotismo é desfeito e o corpo, que até ali escapara da putrefação, se desfaz de uma só vez.

Há muito por fazer, em todo caso; nisso todo mundo concorda. Mas por onde começar? É aqui que as respostas começam a variar radicalmente entre si. Para alguns, o ponto de partida – construir um novo partido, eleger parlamentares – é aquilo que, para outros, é quando muito ponto de chegada. Há aqueles, ainda, que não parecem sequer situar seus movimentos no mesmo mapa. Grande confusão sob os céus, em resumo, mas uma situação que parece longe de ser excelente.

A originalidade de *Arquitetura de Arestas* está em partir de uma espécie de meta-resposta. Para os autores, responder à pergunta "por onde começar?" começa por reconhecer que a pergunta admite diversas respostas, todas potencialmente legítimas, e que não devemos tentar reduzi-las a uma só. Mais que isso: trata-se de tomar a pluralidade não como mero dado empírico, um embaraço temporário a ser superado numa unidade por vir, mas como uma facticidade da qual não nos é dado escapar. A esquerda é plural, eles dizem, não porque seja o resultado de uma unidade original que o tempo estilhaçou, mas porque nunca teve uma origem comum. Eu acrescentaria: porque o uno é sempre um modo de ser do múltiplo.

Esta é certamente a principal convergência (entre muitas) que tenho com a proposta de Edemilson e Gabriel: a ideia de *ecologia organizacional* que, da minha parte, venho tentando desenvolver já há alguns anos. Por isso, acredito ser oportuno sublinhar algumas das consequências que este conceito me parece implicar para a discussão que os dois propõem aqui.

A primeira, que já começamos a ver, é que a opção por tomar a pluralidade como um ponto de partida irredutível neutraliza a maneira em que se costuma lidar com questões como unidade, organização e estratégia. Ainda hoje, quando estes problemas são postos, normalmente é sem tematizar a pressuposição de que buscar-lhes uma resposta é buscar uma resposta *única*. Assim, por exemplo, procedemos como se fosse evidente que a questão da organização equivale à pergunta sobre qual é a forma organizacional *certa* que toda organização deveria ter, ou qual seria o grande guarda-chuva organizacional ao qual todos deveriam pertencer. Do mesmo modo, instintivamente pensamos a questão da estratégia como se se tratasse de encontrar o plano completo no interior do qual todas as peças devem se encaixar, ou a única abordagem estratégica cujo sucesso seria garantido (através ou contra as instituições? através de demandas políticas ou da organização econômica?). Começar com a pluralidade, como vimos, é sempre supor que há mais de uma resposta.

Ao mesmo tempo, parece haver algo de errado em considerar "unidade" como um problema do mesmo tipo que "organização" ou "estratégia". Afinal, como pensar a unidade sem supor a unidade? Dizer que este problema admite diferentes soluções não significa simplesmente suspendê-lo, torná-lo efetivamente insolúvel –– uma vez que resolvê-lo de fato exigiria encontrar uma resposta capaz de dar conta do máximo possível de elementos, conquistar adesão, *produzir unidade*? Cumpre atentar, aqui, para uma segunda consequência da opção por pensar em termos ecológicos. Tomar a pluralidade como ponto de partida imediatamente divide o conceito de unidade em dois sentidos diferentes, um dos quais é uno mas, por assim dizer, "barrado", ao passo que o outro é ele mesmo múltiplo.

O que isto quer dizer? Por um lado, falar em ecologia organizacional é se referir a uma unidade que já está dada, por assim dizer, "pelas costas" dos agentes que dela participam. Para que dois núcleos organizativos pertençam à mesma ecologia, não é necessária qualquer coordenação entre eles, ou mesmo que se conheçam mutuamente: para que possam interagir um com o outro, basta que existam e ajam no interior do mesmo ambiente e, com isso, moldem indiretamente o campo de possibilidades um do outro. Esta unidade *em-si* é o antecedente do qual qualquer tentativa de pensá-la desde seu interior é o consequente lógico. É nesse sentido que podemos dizer que ela está barrada (para nós): não porque seja um númeno incognoscível, mas porque, sendo o espaço *no interior do qual* se dá qualquer tentativa de mapeá-la em sua totalidade, ela impõe a toda tentativa de totalização um ponto cego. É por isso que a unidade, ao mesmo tempo que é uma só enquanto o real que existe "às nossas costas", é múltipla no sentido em que é mais ou menos diferente conforme o ponto de onde é vista. Uma vez que não há nenhum lugar privilegiado desde onde a unidade em-si possa ser totalizada, a unidade *para-si* é necessariamente plural: a ecologia comporta diversas tentativas de identificar desde o interior dessa unidade aquilo que ela é e prescrever aquilo que deve tornar-se, todas as quais são legítimas à sua maneira. Isto tem consequências importantes para aquele movimento totalidade-contradição-totalidade ao qual Sabrina Fernandes alude no prefácio. Se a totalidade em-si é uma só, as tentativas de totalizá-la são sempre múltiplas: uma pluralidade de totalidades para-si que são a unidade original vista de diferentes ângulos.

Isso não implica que todas as tentativas de totalização simplesmente se equivalham, mas que um dos critérios pelos quais podemos considerar uma preferível à outra é justamente sua capacidade de incorporar o maior número possível de outros pontos de vista em si. Isto é, de não apenas representar as posições que outras perspectivas ocupam, mas de incluir estas outras perspectivas no próprio processo de mapeamento – e, com isso, também o modo como elas representam a totalidade e a si mesmas. Uma tentativa de totalização será mais útil, em outros termos, se lograr, para o maior número de mundos possíveis, não apenas identificar as zonas de intersecção que eles têm em comum, mas aqueles pontos em que eles entram em defasagem uns com os outros; e, assim, nos permitir tentar compreender e negociar as condições genéticas dessas diferenças. Daí, aliás, três dos grandes méritos da proposta de Paraná e Tupinambá. Refiro-me à decisão de tomar a esquerda não como um mundo à parte, analisável unicamente em termos de seus diferendos teóricos, mas de compreendê-la a partir das mesmas ferramentas que empregamos para compreender a sociedade como um todo; e dos dois corolários que daí seguem. O primeiro, que as diferenças de orientação teórica devem ser interpretadas também como "indícios da própria realidade social na qual as organizações estão inseridas". O segundo, que a "culturalização da política" na esquerda é um fenômeno bem mais amplo do que enxerga uma crítica simplista aos movimentos ditos "identitários", e pode ser entendida como parte de um processo generalizado de fragmentação das lógicas sociais e do reforço compensatório das identidades.

O modo como os autores respondem à questão "por onde começar?" não deve, assim, ser entendido como um recuo a um grau superior de abstração, uma fuga da realidade em direção a elucubrações teóricas que nos distraem do real trabalho que há por fazer. A meta-resposta "a pergunta admite diferentes respostas" vem acompanhada imediatamente da proposta de mapear estas diferenças a fim de compreender, por trás delas, seus "como" e "porquê". Só percebe esta proposta como nos afastando de desafios concretos quem não ouve aí também um convite: façamos este mapeamento *coletivamente*; nos esforcemos juntos, ainda que desde diferentes pontos, para entender a totalidade que já somos de modo a descobrir a unidade que podemos ter. A sutileza dessa solução está, portanto, em sugerir que é a forma de perguntar, *mais que a resposta, que é capaz de produzir unidade*. "Produzir unidade" é algo que se faz no processo de fazer-se perguntas coletivamente – inclusive ou especialmente aquelas que nos permitem entender nossas diferenças –, e não algo a se tentar fazer uma vez que, privadamente, tenhamos achado a resposta que consideramos ser a correta.

É por isso, ainda, que a opção por partir da ideia de ecologia organizacional deve ser entendida, para falar nos termos da teoria dos atos de fala de Austin, não só em termos constativos ("estamos sempre já numa ecologia organizacional"), mas também performativos. Ela busca *criar uma realidade* ao ser enunciada. Que realidade é essa? Evidentemente, não a própria ecologia, que já está dada de um jeito ou de outro antes que qualquer coisa possa ser dita a seu respeito. Mas sim uma atitude: a atitude que consiste, justamente, em *pensar e agir ecologicamente na política*. Porque se não é preciso *criar* uma ecologia, já que alguma em todo caso sempre existe, é sempre possível expandir e cultivar a que se tem, torná-la mais rica, diversa e complementar, mais densamente integrada e capilarizada na sociedade. Fazer isto depende, justamente, de que haja uma massa crítica de pessoas que se compreendem como parte de uma ecologia, que pensam na ecologia como um todo e não apenas em seus perfis pessoais ou nos de suas organizações, que não encaram cada interação como um jogo de soma zero, que privilegiam a cooperação à competição, que percebem a diversidade como vantagem mais que limite, que trabalham para constituir e sustentar uma riqueza comum e estrategizam tendo um vasto campo de outros agentes e forças em mente. Pensar e agir ecologicamente não quer dizer afirmar a dispersão pela dispersão, mas tirar o máximo de proveito da pluralidade. Entre a centralização total e a dispersão total, há diversos arranjos possíveis que são bem mais férteis que estas duas opções.

É assim que se pode, finalmente, enfrentar a objeção levantada acima, sobre se pensar a unidade tomando a pluralidade como fato não acabaria por esvaziar a questão que se pretendia resolver. A resposta é que pôr-se a questão em termos ecológicos nos diz alguma coisa sobre as *condições efetivas* em que ela pode começar a encontrar uma solução satisfatória. Dito brevemente: para que seja possível resolver o problema de encontrar uma unidade de ação numa ecologia é preciso que o esforço de calcular este problema esteja ele mesmo distribuído no interior da ecologia, em diferentes escalas. Não a partir da particularidade da teoria da transformação social que cada um prefere, é claro, nem do interesse singular de cada indivíduo, liderança ou organização. Mas do exercício de pensar a ecologia *enquanto ecologia*, o plural *enquanto plural*, ou seja: de buscar não a única solução mágica que funcionaria para a ecologia como um todo (se ela apenas deixasse de ser heterogênea...), mas as soluções parciais que funcionam *no interior* da ecologia existente. É neste sentido que propor outra maneira de colocar a pergunta é já começar a respondê-la, do mesmo modo que construir um computador poderia ser considerado o início da solução para um problema matemático complexo. Em ambos os casos, trata-se de suspender temporariamente o problema em si para indagar-se a respeito da *força material* capaz de resolvê-lo. Com a diferença que, enquanto resolver uma hipótese matemática é resolvê-la teoricamente, no caso de uma ecologia organizacional, uma solução perfeita que exista apenas num texto ou na cabeça de alguém não pode ser dita uma solução de fato, visto que resolve o problema apenas em teoria, e não materialmente.

Somente uma ecologia que se pensa como ecologia é capaz de colocar-se adequadamente o problema de sua própria unidade: eis, enfim, a conclusão estranha a que chegamos se tomamos a ideia de ecologia organizacional como ponto de partida. Solução impossivelmente exigente, talvez, cujas condições de realização jamais chegariam a ser plenamente preenchidas. Mas que tem o duplo mérito de nos dar uma medida realista do tamanho do problema e, desde o momento em que é enunciada, de pôr em circulação aquilo que identifica como sendo as premissas para uma resposta nem que seja parcial, eternamente em processo: uma sensibilidade ecológica para abordar questões como unidade, organização e estratégia na política, e um convite à tarefa coletiva de elaborá-las na prática.

Sobre os autores

Edemilson Paraná (esq.) e Gabriel Tupinambá (dir.). Universidade de Brasília, nov. 2016.

Edemilson Paraná (pseudônimo de Edemilson Cruz Santana Junior) é professor do Departamento de Ciências Sociais da Universidade Federal do Ceará (UFC). Professor dos Programas de Pós-graduação em Sociologia da UFC e em Estudos Comparados sobre as Américas da Universidade de Brasília (UnB). Atuou como pesquisador de pós-doutorado nos departamentos de Economia e de Estudos Latino-Americanos da UnB e como pesquisador-bolsista no Instituto de Pesquisa Econômica Aplicada (IPEA). É mestre e doutor em Sociologia pela UnB, com período sanduíche realizado na SOAS/University of London. Além de outros trabalhos publicados nas áreas de Sociologia Econômica, Economia Política e Teoria Social, é autor dos livros 'A Finança Digitalizada: capitalismo financeiro e revolução informacional' (Insular, 2016)/'Digitalized Finance: financial capitalism and informational revolution' (Brill, 2019/Haymarket, 2020) e 'Bitcoin: a utopia tecnocrática do dinheiro apolítico' (Autonomia Literária, 2020)/ 'Money and Social Power: a study on Bitcoin' (Brill, no prelo). É pesquisador-líder do Núcleo de Estudos em Economia, Tecnologia e Sociedade (NETS) – UFC/CNPq.

Gabriel Tupinambá é psicanalista, membro do Instituto de Outros Estudos. Pesquisador de pós-doutorado no departamento de Filosofia da UFRJ, fez parte do programa de pós-graduação em História Social da Cultura da PUC-Rio, na mesma qualidade. É mestre e doutor em Filosofia pela European Graduate School. Tem trabalhos publicados nas áreas de Psicanálise, Economia Política e Teoria da Organização Política e é autor do livro 'The Desire of Psychoanalysis' (NUP, 2021) e co-autor do livro 'Hegel, Lacan, Zizek' (Atropos Press, 2013).

Sobre as imagens

Os desenhos que compõem o livro são parte da série *para aprender da pedra* de **Luisa Marques**.